成君忆 著

孙悟空是个好员工

| 全新修订版

解读西游记的
26堂人生课

中国出版集团 东方出版中心

图书在版编目（CIP）数据

孙悟空是个好员工 / 成君忆著. —上海：东方出版中心，2020.11
ISBN 978-7-5473-1717-4

Ⅰ. ①孙… Ⅱ. ①成… Ⅲ. ①企业管理—人事管理—通俗读物 Ⅳ. ①F272.92-49

中国版本图书馆CIP数据核字（2020）第206616号

孙悟空是个好员工

著　　者　成君忆
组　　稿　郑纳新　江彦懿
责任编辑　江彦懿
装帧设计　陈绿竞

出版发行　东方出版中心
地　　址　上海市仙霞路345号
邮政编码　200336
电　　话　021-62417400
印 刷 者　常熟市新骅印刷有限公司

开　　本　890mm×1240mm　1/32
印　　张　8.75
字　　数　144千字
版　　次　2021年1月第1版
印　　次　2021年1月第1次印刷
定　　价　48.80元

前　言

人生就是一部管理学

《孙悟空是个好员工》是作家成君忆的代表作之一，自从2004年8月出版以来，连续荣获多项畅销书大奖，大卖几十万册。在这部以性格分析学说解读《西游记》的奇书里面，成君忆为我们饶有趣味地解读了四种不同的性格类型，包括完美型的唐僧、力量型的孙悟空、活泼型的猪八戒、和平型的沙和尚。从前我们看《西游记》，是为了看孙悟空挥舞金箍棒一路降妖除魔的故事；现在我们读《孙悟空是个好员工》，是为了感同身受地读懂我们自己的人生。

是的，你可以在书中发现与你相类似的那个性格类型：也许是完美型的唐僧，也许是力量型的孙悟空，也许是活泼型的猪八戒，也许是和平型的沙和尚。与此同时，你也可以尝试着去辨别，在你身边的人群里，谁像唐僧，谁像孙悟空，谁像猪八戒，谁像沙和尚。这样一来，西天取经的故事，就变成了你自己的故事。通过这种体验式的学习，你不仅可以很深刻地了解你自己，还可以懂得如何与各种不同性格的人友好相处。

非常有意思的是，成君忆自己就是一位完美型的唐僧。尽管《孙悟空是个好员工》畅销了十六年，但他依然对它不满意，认为它“只是一部草稿”。作为编辑，我跟成君忆交往多年。也是在灵光一闪之间，我发现了一个机会：利用他那完美型的性格特点，邀请他把十六年前的“草稿”，改写成一部结构更合理、语言更流畅、叙事更优美的新作。

二

需要说明的是，成君忆是一位学术基础非常深厚的作家，是管理学界独树一帜的文学派。他有一句名言：“管理学的奥秘，其实不在于齐家、治国、平天下，而在于修身。把修身这件事做好了，家、国、天下就都能得到妥善的安排。”他解释说，所谓修身，就是管理好自己的人生。

怎样才能管理好自己的人生呢？这就要理顺我们自己与这个世界的关系。我们每个人都是个体，而世界是一个整体。当一个人能够以个体的生命，在整体里面享受到自由、和谐、幸福的生活之美，那就意味着他把自己管理得很好。

在花果山占山为王又大闹天宫的孙悟空，是一个与整体发生分离和冲突的个体。那时候的他精力充沛，行动果敢，酷好变化，干劲十足，愈挫愈勇，真是一个敢于奋斗的创业者，但他的生活毫无疑问是不自由、不和谐、不幸福的。

什么是自由呢？大闹天宫的孙悟空，其实并不懂得自由的奥秘，只知道一味地任性斗狠。他是那么能干：1. 七十二般变化，可以从心所欲地解决各种困难；2. 一个筋斗云十万八千里，行动迅速而又高效；3. 一条如意金箍棒，力量无敌，无人敢挡。于是乎，他在海里，与龙王斗狠；在地下，与阎王斗狠；到了九重天上，又与玉皇大帝斗狠。斗到最后，他没能跳出如来佛的手掌心，被镇压在了五行山下，再也动弹不得。

命运给孙悟空安排了新的课程：跟着唐僧到西天去取经。在取经路上发生的每一个困难，都可以看作一篇课文。成君忆的《孙悟空是个好员工》其实是一部管理心理学的杰作，里面为我们准备的二十六堂人生课，也可以看作二十六堂管理课。大闹天宫的孙悟空在跟随取经团队经历了一段山重水复的旅程之后，不知不觉地改变了自己，最终赢得了个人与团队的共同成功，被如来佛祖封为“斗战胜佛”。

二

“好员工”的意义指向就是个体与整体的关系。当个体与整体发生分离和冲突时，就会出现形形色色的困难。这些困难必须被理解，否则无论我们怎么奋斗，到头来得到的就只能是焦虑和痛苦。

感谢成君忆特意为我们准备了这部新版的《孙悟空是个好

员工》。它不仅适合上班族，也非常适合在校的学生们研读。我们需要认真思考、选择和管理好自己的职业，从现在开始，越早越好，因为那就是我们的人生。对于个体来说，我们需要成为幸福的职业者；对于团队来说，我们需要成为合格的好员工。

现在，就请你把书打开吧！让我们化身为孙悟空，或者是猪八戒、沙和尚、唐僧，沿着两界山、高老庄、流沙河、黄风岭、火焰山、盘丝洞……去经历一次饶有趣味的学习之旅。

本书编辑

写于2020年春天

CONTENTS

目录

第一课 >>>>

在意识流的飞瀑里思考人生

从孙悟空的身世说起

当我们翻开《西游记》，就会读到很经典的一段，孙悟空从一块仙石里蹦跳了出来。看哪，他是那样无拘无束、那样无所不能，有多少孩子在崇拜他、为他欢呼啊！即使是爸爸、妈妈好像也会莫名其妙地喜欢他。

孙悟空生来就会行走跳跃。每一天，他都在花果山上，跟豺狼、虎豹、獐鹿、猕猴一起玩耍。饿了，就采摘树上的野果。渴了，就喝山沟里的溪水。直到有一天，他在飞流的瀑布里面发现了一个水帘洞，被猴子们拥戴为美猴王。

孙悟空是东胜神洲傲来国花果山人氏。按照佛教传说，世界上有四大部洲，其中一个就是东胜神洲（另外三个是西牛贺洲、南赡部洲和北俱芦洲）。《广雅・释言》说："敖，妄也。"这就是说，在人们传说的神话世界，有一个虚妄的东胜神洲；

在那个虚妄的东胜神洲，有一个虚妄的傲来国。活蹦乱跳的孙悟空，原来出身于这样一个虚妄的神话世界。

也许有人会问："我们为什么要读一本虚妄的《西游记》呢？我们为什么要喜欢一个虚妄的神话人物呢？"这个问题问得很好。如果我们读不懂《西游记》，孙悟空就是虚妄的，那么我们读《西游记》，只是为了好玩儿，看个热闹。但如果我们能够读懂《西游记》呢？就会发现孙悟空与我们每一个人的人生，竟然有那么奇妙的关系！

孔子说："学而时习之，不亦说乎！"意思是说，做学问是一件非常快乐的事情。现在，如果你愿意，就请跟随我，带着一连串的问题，踏上充满乐趣的学习之旅。

诞生孙悟空的那块仙石

我们第一个需要研究的，是诞生孙悟空的那块仙石。用心理学大师荣格的理论来分析，其实花果山象征着人的身体，仙石象征着人的脑袋，瀑布飞泉象征着意识流，瀑布飞泉中的水帘洞象征着意识源头。我们每个人都有自己的脑袋，对不对？按照荣格的理论，齐天大圣孙悟空，原来是从自己的这颗脑袋里面蹦跳出来的！

妈妈生下了婴儿。可是，婴儿的意识是从哪儿来的呢？爸爸不知道，妈妈也不知道。意识的源头，就是那个隐藏着的水帘洞。活蹦乱跳的孙悟空，就住在那个神奇的水帘洞里。

每个人生来就有自己的脑袋。有了脑袋，就会有意识和意识的流动。饿了就要吃，渴了就要喝，高兴了就要笑，难受了就要哭。这种现象叫作“本能”。不妨想象一下，本能就是从我们脑袋里喷涌而出的瀑布飞泉。当我们的脑袋像那块仙石一样鸿蒙初开，意识流就会喷涌而出，像瀑布一样飞溅出不计其数的浪花。佛教把那些浪花叫作念头。每时每刻，我们都生活在各种各样奇怪的念头里面。一个念头消失了，接着又有成千上万个念头飞起。

中国有一个成语，叫作“心猿意马”。孙悟空就是那只“心猿”，从瀑布飞泉的意识流里面飞进飞出。我们脑袋里的念头，也好像孙悟空那样，飞进飞出，一刻也不得安宁。人在课堂里坐着，脑袋里却翻起了筋斗云，一翻就是十万八千里，不知道飞到哪里去了。与此同时，念头又很善变，一会儿是这个念头，一会儿又变成了那个念头，恰似孙悟空的七十二般变化，捉摸不定。

每个人都在自己的意识流里面生活，但很少有人去探寻意识流的源头。许多人被那道飞流直下的瀑布吓住了：他们经受不住各种念头的冲击，只好站在那里对“瀑布”望而生畏；他们也因此回不到意识流的源头，找不到那个叫水帘洞的家。

美猴王的忧愁

水帘洞的故事，其实就像是我们自己的故事。我们每个人在自己的童年时期，就好像水帘洞里面的孙悟空一样，生活得无忧无虑。直到有一天，我们的心里莫名其妙地有了忧愁。

什么是忧愁呢？就是因为迷茫而害怕，不知道该怎么办。例如，我们害怕生病，害怕被坏人欺负，害怕被别人鄙视，害怕自己做错事，害怕被爸爸妈妈和老师责怪。还有，当我们有所追求的时候，我们害怕得不到；当我们占有了某种荣誉或者利益的时候，我们又害怕失去。

孙悟空的故事也是这样开始的。他那时还不叫孙悟空，就像学龄前贪玩的儿童一样，还没有自己的大名。这只可爱的猴子，被《西游记》的作者爱称为“美猴王”。可是，美猴王渐渐长大，尽管他在水帘洞“享乐天真，何期有三五百载”，但也开始有心事了。

有一天，美猴王与群猴正在欢宴，忽然若有所思，神情黯然，坠下泪来。猴子们慌忙就问：“大王何为烦恼啊？”美猴王说：“别看我们今天快乐逍遥，暗地里却被一个阎王爷管着。算不准什么时候，他就让我们呜呼哀哉了！”猴子们听了这话，也是一个个黯然神伤。

人生是无常的。所谓无常，就是变化。我们害怕变化，因为变化会让我们失去。其中最大的失去，就是失去我们的生命。我们害怕被别人鄙视，是因为不自信。之所以不自信，是因为我们不了解自己的生命有多么美、多么神奇。那种与生命隔绝的状态，在有觉悟的哲学家看来，那就是死亡。

我们畏惧死亡，因为死亡让生命变得有限。反过来说，因为死亡让生命变得有限，生命才会变得如此可贵。当我们开始思考死亡，我们的人生就开始变得有价值。从这个意义上讲，对死亡的每一次思考，都堪称一次小小的西游。

开始了他的漂泊和寻找

话说美猴王正在痛哭流涕，一只通背猿猴从猴群中跳出来，告诉了他一个好消息。通背猿猴说："我听说世界上的生灵，无论鳞虫、羽虫、毛虫、介虫，还是倮虫，没有不害怕阎王爷的。只有儒家传说中的圣贤、道家传说中的神仙和佛家传说中的佛菩萨，不归阎王爷管。"所谓鳞虫、羽虫、毛虫、介虫、倮虫，合称"五虫"，泛指身上长着鳞片、羽毛、皮毛、甲壳和光着皮肉的所有动物。其中，人就是一种倮虫。

美猴王听得一惊，急忙追问说："你说的圣贤、神仙和佛菩萨，他们都住在哪里呢？"通背猿猴回答说："听说他们就住在阎浮世界之中，古洞仙山之内。"所谓阎浮世界，就是人世间。人世间不仅有市井红尘，还有古洞仙山。圣贤、神仙和佛菩萨住的地方，就是古洞仙山。美猴王满心欢喜地说："我明日就跟你们告别，下山去寻找传说中的圣贤、神仙和佛菩萨。哪怕走遍天涯海角，我也要找到他们，学一个长生不老的法术，躲过阎王爷的灾难。"

接着，他就采折了一些枯枝，编成筏子，漂洋过海，开始了他的寻找之旅。

每个人都在寻找，包括秦始皇

历史上，秦始皇也曾经派人漂洋过海，去寻找传说中的灵丹妙药、不老之方。在他的命令下，方士徐福率领三千童男童女从琅琊入海，浩浩荡荡地起程，但却消失在浩渺的大海之中。

我们知道，秦始皇是一个了不起的英雄，统一了六国，平定了天下，结束了春秋战国以来近五百年诸侯混战的局面，成了中国的第一个皇帝。既然是皇帝，掌握天下财富，想要什么就有什么，还去找神仙干什么呢？答案很简单，因为他不顺心、不快乐。

秦始皇虽然贵为皇帝，但没有人理解他的孤独和痛苦。因为要管理好这么大的一个国家，他需要建立和保持足够的权威。所以，他没有朋友，也没有人敢做他的朋友。所有的孤独和痛苦，都只能自己一个人默默地忍受。

人不快乐，就会生病。《秦始皇本纪》中记载，秦始皇的健康状况不是很好。尉缭曾经用“蜂准、长目、挚鸟膺、豺声”来形容秦始皇的体貌特征。所谓“蜂准”，就是高鼻子。所谓“长目”，就是细长的眯眯眼。所谓“挚鸟膺”，就是因为脊椎骨弯曲造成的鸡胸。所谓“豺声”，就是声音嘶哑。

郭沫若先生认为秦始皇小时候可能得过软骨症，也叫佝偻病。由于骨骼发育不正常，秦始皇的胸部严重变形，而且很容易引发肺炎、气管炎之类的并发症。郭沫若说，秦始皇可能一直患有严重的气管炎症，久咳不愈，致使嗓音沙哑难听。因此，威名显赫的秦始皇其实是一个病人，不得不面对他的疾病和思考生与死的问题。

那时候，秦朝虽然在名义上统一了天下，但实际上却依然风雨飘摇。秦始皇只好强忍着病痛的折磨，一面求仙访道，一面用铁腕手段镇压各地的反秦活动。他不相信别人能把秦朝从动荡中稳定下来，更不情愿把一个危机四伏的秦朝交给后人。他多么希望有一个神仙能够给他一个健康的身体和更多的时间，让他最终能够造就秦朝的太平盛世。

考古学家在秦始皇兵马俑附近发现了十三只青铜仙鹤。仙鹤是中国传统的吉祥鸟，象征着长寿。中国古代有驾鹤乘云升天的神仙文化，而出土的十三只青铜仙鹤脚下，恰好就踏着云形的踏板。专家们认为，这些青铜仙鹤反映了秦始皇心中到死也解不开的神仙情结。

神仙和他的邻居

美猴王比秦始皇的运气好，历尽千辛万苦之后，他遇到了一个樵夫。他听见那个樵夫在一边砍柴一边唱歌，以为那个樵夫就是神仙。

樵夫唱歌，唱的是樵夫这个职业的文化和生活。歌词很有些拗口，但说到了一个“观棋柯烂”的典故。故事说，有一个名叫王质的青年樵夫，在山里面遇见两个童子下棋，就蹲在旁边观看。等到一局棋下完，童子笑问王质："你怎么还没走呀?"王质吃了一惊，回头去找斧头，斧柄已经烂成了朽木。怎么会这样呢？童子告诉王质说："指间一盘棋局，世上百年光阴。斧柄既然是木头做的，哪有不朽烂的道理?"王质将信将疑地回到家，母亲与邻居好友都已经去世了。王质感叹不已，从中悟出了许多做人处世的道理。

美猴王遇到的这个樵夫，是神仙的邻居，但却没能像王质那样成为神仙。神仙的邻居竟然是个凡人，是不是很耐人寻味呢？樵夫解释说："我一生命苦，每天为了茶饭忙碌，还要供养年迈的母亲，没有办法去修行做神仙。我刚才唱的歌儿，是神仙教我唱着散心解闷的。"

想一想，你将来会成为这样的樵夫吗？很可能，你也会遇到一个"神仙一样"的朋友，你也会听说许多做人处世的道理。同样的道理，有人能够用来修身养性，而另一些人却只能用来散心解闷，这就是人与人的差别。

经过樵夫指引，美猴王终于找到了神仙的住处。在哪儿呢？在一个山洞里。山名灵台方寸山，洞名斜月三星。灵台，就是心。方寸，也是心。斜月三星，还是心。可怜的美猴王，找遍了千山万水，原来神仙不在外面，而在他自己的心灵深处。

这是一个非常美妙的寓言故事。它告诉我们，别人是神仙还是樵夫，其实一点儿也不重要，重要的是，我们自己需要找到生命本来的意义。传说中的神仙，原来就在那个意义里面。

而我们每个人一生的使命，就是活出神仙本有的快乐和智慧。

思考题

1. 按照荣格的理论，孙悟空是从自己的脑袋里面蹦跳出来的。仔细想想你的脑袋里面蹦跳的是什么？

2. 美猴王历经千辛万苦，最终在心灵深处找到了传说中的神仙。想一想，脑袋与心灵之间有怎样的区别和联系？

第二课 >>>>
生命中有一种神奇的力量

什么是神仙？

经过樵夫的指引，美猴王终于在斜月三星洞见到了须菩提祖师。须菩提是佛教故事里的长老，翻译成中文，就是指“觉悟的境界”。在《西游记》里面，须菩提又莫名其妙地变成了道家的神仙。也许啊，到了须菩提这样的境界，已经没有了佛家与道家的分别。

什么是神仙呢？我们来看看这个“神”，右边是个“申”。“申”字的象形，在甲骨文里面是一道炸裂的闪电，在金文里面是一道被双手拉开的门。所谓“神”，在汉字里的本义，就是一道闪电的启示，或者是一道门的启示。

我们遇到难题，冥思苦想，百思不得其解，这时候就有可能需要灵感乍现。有一道光，像闪电一样从脑袋里划过。我们把那道光叫作灵感，叫作启示。就好像有一道门被拉开了，光线从里面闪了出来，被你注意到了。然后，你就应该寻找光线的来处，顺着它走，进入那门里面去。答案也许就在那道门里面。

美猴王的学名

须菩提是美猴王的启蒙老师。什么是启蒙呢？就是第一道光照亮了那个黑暗和原始的宇宙。那道光在提醒你说："看，这儿有一道门。你从这儿可以到达光明和智慧。"

开学第一课，须菩提给美猴王取了一个学名，叫作孙悟空。古时候，当一个小孩子诞生，爸爸妈妈就会给他取一个乳名。乳名，也叫小名。等到读书了，就请私塾的先生取个学名。学名，又叫大名。不像我们现在，刚刚出生，爸爸妈妈就把我们的学名和乳名都取好了。

孙悟空原本没有姓。须菩提说："那你就姓'孙'吧！"为什么姓"孙"呢？首先，他本来就是猴子，猴科动物里面有一个种群是猕猴，又叫作猢狲，"孙"与"狲"谐音。而这个"孙"字，从"子"从"系"，"子"就是最初的纯真和生命，"系"就是生命的联系与繁衍。

"悟空"，所谓"空"，可以当作一个洞。这个洞是不能被物质填满的，被物质填满了就没有洞。做学问就是在万事万物之中寻找这样的洞，然后从一个一个的洞里面，产生疑问、探索、洞察和觉悟。

我们头顶上的天空，那就是一个巨大的洞。我们要打开天空的门，进入到那个巨大的洞里面去。

须菩提的秘诀

须菩提是个神仙，是个有洞见的人。所谓洞见，就是能很清楚地看见，换句话说，就是了解真相。过了许多时日，他对孙悟空说："孙悟空，你不是想要长生不老吗？想要长生不老，就要修身养性。现在，我就把修身养性的秘诀传授给你。"

孙悟空满心欢喜，连忙跪在他的跟前，用心倾听。须菩提于是念念有词，念出一段口诀来，曰：

显密圆通真妙诀，惜修性命无他说。
都来总是精气神，谨固牢藏休漏泄。
休漏泄，体中藏，汝受吾传道自昌。
口诀记来多有益，摒除邪欲得清凉。
得清凉，光皎洁，好向丹台赏明月。
月藏玉兔日藏乌，自有龟蛇相盘结。
相盘结，性命坚，却能火里种金莲。
攒簇五行颠倒用，功完随作佛和仙。

这一段口诀大略是说：所谓修身养性，说到底就是一个诀窍，就是珍惜和爱护自己的生命。这就是中国道家文化的一部分，道家的文化就是生命文化。

也许有人会说:“谁会不珍惜、不爱护自己的生命呢？那不是傻子吗？”我跟你说，满世界都有这样的傻子。有一些人，不仅不爱惜自己的生命，反而要利用它、摧残它。在他们看来，生命不过是一个工具，就是拿来利用的。

他们满脑子都是实用主义，每天都在利用。他们所谓的学问，就是最大效率地利用时间，利用自己的青春和才华，利用自己身上本有的各种资源优势。他们把自己的生命当作资源和工具使用。他们利用自己，也会利用别人；或者为了达到某个目的，把自己给别人利用。这么一来呢？他们可能得到了某些名利上的好处，但生命却遭到了摧残，人就容易生病。

人生了病就会忧愁。可是，如果你的精气神都很旺盛，又怎么会忧愁呢？一个精气神旺盛的人，更容易充满自信，活得很喜乐。

我们要学会珍惜和爱护自己的生命，让它保持旺盛的精气神。一个精气神旺盛的人，就是从身体到心灵都很健康的人。这种人，浑身充满了正能量，活得又自信、又喜乐。

“神人”跟“凡人”是不一样的。“凡人”就是庸俗的人，为了各种名利疲于奔命的人。“神人”呢？他才不管那些庸俗的事哩！他懂得爱护自己的生命，生命也在回报给他爱。他的智慧来自他的生命，他的喜乐来自他的生命。与之相反，当生命遭到利用和摧残的时候，智慧就不见了，喜乐就不见了。

中国民间有“八仙过海”的传说。传说中的汉钟离、张果老、吕洞宾、铁拐李、何仙姑、蓝采和、韩湘子和曹国舅，在历史上都有人物原型。这就是说，神仙是人做，把人做好了，自然就成了“神仙”。

与纯真有关的成功定律

想要保持旺盛的精气神，就需要过很单纯的生活，就必须摒除邪欲。所谓邪欲，就是让你胡思乱想的杂念和欲望，就是人们常说的三心二意。

摒除了形形色色的邪欲之后，人就回归到了最初的赤子心态。一颗赤子的心，就是一颗纯真和善良的心，就是一颗充满了智慧和勇敢的心。

人们常常自作聪明地认为，纯真就是幼稚，善良就是软弱可欺。这是对纯真和善良的误解。一颗纯真的心，就是一颗没有杂质的全然透明的心，仿佛传说中的慧眼。当我们探索真相的时候，只有它才能够让我们清晰地看见，让我们看懂做人的奥秘。所以，真正的纯真就是智慧，真正的善良就是勇敢而无所畏惧地做一个好人。

人们一直都在用自作聪明的方式，追求着名利和物质上的成功。但在事实上，无论你怎么自作聪明，成功都是一个偶然事件。常常在“机关算尽”以后，你有可能成功，也有可能失败。那么，成功的奥秘究竟是什么呢？就是回归到你的纯真里面去，回归到你的智慧里面去。

下面是与纯真有关的十条成功定律：

1. **自由定律**　回归纯真就是回归自由，就意味着你摆脱了各种欲望和客观条件的制约。你不仅回到了无忧无虑的自由之中，还可以重新开始更合理的选择。

2. **安静定律**　安静是回归纯真的唯一路径。只有在安静和纯真里面，你才能得到灵感和智慧。

3. **情绪定律**　人会受到情绪的影响。不要在极度悲观或乐观的时候做任何决定。

4. **专注定律**　把你的注意力放在一件事情上面。然后，与这件事情有关的信息和资源就会被你集中起来，形成一种合力。

5. **疑问定律**　不要把道听途说当作答案。真正的答案，在你的疑问里面。

6. **显现定律**　每一个疑问都指向它后面的答案。只要你愿意在安静里面持续地寻找，那么它们最终都会显现。

7. **专精定律**　当你专注于自己的学习，你就能得到精进，并因此获得出类拔萃的成长。

8. **习惯定律**　任何想法只要你持续不断地去加强它，它就会变成信念；任何行为只要你持续不断地去加强它，它就会变成习惯。

9. **警觉定律**　习惯是一种机械行为，意味着我们丧失了生命应有的敏感性。我们可能会因此远离问题，活在想当然之中，无法察觉到危险的来临。

10. 因果定律　你现在所做的一切，都会对未来产生深远的影响。

有一种神奇的力量

孙悟空明白了，原来一个人的命运，是由他自己的智慧决定的。这是一种操之在我的力量，能够让我们自信和坦然地面对困难，突破客观条件的制约，掌握人生的主动权。

第二次世界大战期间，犹太裔学者弗兰克尔（Victor Frankl）也发现了这种力量。那时候，弗兰克尔的父母、妻子、兄弟都死在纳粹的手里，而他自己也被关进了集中营，屡次受到严刑拷打，危在旦夕。悲惨命运中的弗兰克尔，有一天赤身独处囚室，忽然顿悟，心灵之中有了一种全新的感受。这种感受在日后被人们命名为“人的终极自由（the last of the human freedoms）”。

面对纳粹的折磨，弗兰克尔发现自己可以选择沉默，也可以选择伪装，也可以跟自己讨论：“今天究竟遇到了什么问题，最好的解决方案是什么？”他明白了，这种自由是纳粹永远无法剥夺的。在客观环境上，他完全受制于人，但他仍然拥有研究问题和解决问题的主动权，仍然可以自由决定如何与肉体以外的这个世界相处。

心灵的自由和操之在我的能力，让弗兰克尔变得安详。笑容又重新回到他的脸上。现在，他能够很好地处理与每个人的关系。他帮助狱友们在苦难中找到了人生的意义。他甚至成了狱卒的好朋友，深受他们尊敬和爱戴。

弗兰克尔是极少数从死亡集中营活下来的囚犯之一，后来成了卓有成就的心理学大师。

人分两种

很少有人能够像弗兰克尔那样，成为超越困难的“孙悟空”。为什么呢？因为许多人都习惯于抱持下面的论点：

1. 认为自己的性格是天生的，无法改变。

2. 受制于既定的事实和习惯性的心理反应。你胆小怕事，是因为小时候老师总是打击你的信心。你喜欢拖拉，是因为习惯如此，没有办法。别人已经在某一方面做得很优秀了，所以没有办法跟人家比。

3. 强调环境的制约因素。你的学习成绩不好，是因为家庭环境太差。你的事业没有进展，是因为没有人支持你。你过得不快乐，是因为有一个愿望没有实现。你之所以失态，是因为别人把你激怒了。

人可以分成两种：一种受制于人，另一种操之在我。受制于人者容易被环境所左右，在秋高气爽的时节就兴高采烈，在晦暗阴霾的日子就没精打采。可是，如果你能做到操之在我，就会重新理解你的环境，与环境和睦相处，并从中找到改善的机会和积极因素。

受制于人者，也会受制于“社会天气”的阴与晴。受到别人夸奖或尊重时，就心情愉悦。受到怠慢或指责时，就生气或心情压抑。这样，你的心情被别人的态度所牵动，你像一只无舵的小舟，随着风波摇摆。

是的，我们每个人的性格都会受到父母和过往经历的影响。可是，我们理解自己的父母和我们自己的过往经历吗？还有，我们理解自己的心理吗？没有了理解这些，我们怎么能够知道真相呢？

操之在我与受制于人

“操之在我”与“受制于人”，两种不同的人生态度，有如南辕北辙。一个积极主动，一个忍气吞声；一个勇于负责，一个得过且过。可是，你有没有想过，这两者之间的差距，其实仅仅在于思维方式的不同呢？

1. 受制于人：我已经无能为力。

   操之在我：让我再试试，看有没有别的可能。

2. 受制于人：我就是这样一个人。

   操之在我：我可以让自己做出一些改善。

3. 受制于人：他使我怒不可遏。

   操之在我：我应该学会理解和控制自己的情绪。

4. 受制于人：他们不会接受的。

   操之在我：他们怎样才会接受？

5. 受制于人：我不能这样做！
   操之在我：我应该怎样做？
6. 受制于人：如果有怎样的条件，我将会怎样去做？
   操之在我：我将会怎样去做，因为有怎样的条件。

通过这些积极的思维，你的注意点就能够逐渐从外面转移到自己的生命中去。那是一个充满智慧和能量的“小宇宙”。在那个“小宇宙”里，你才可能像孙悟空那样，源源不断地获得须菩提祖师所说的“精气神”，以及由此而来的自信和力量。

思考题

1. 在“与纯真有关的10条成功定律”之中，你最喜欢哪一条定律？请说一说，你为什么喜欢。

2. “操之在我”与“受制于人”是两种不同的人生态度。请举例说明，你在生活中看到有谁是“操之在我”，有谁是“受制于人”。

第三课 >>>>

神仙与妖怪的区别

“老师，我错了！”

话说孙悟空聪明伶俐，跟着须菩提祖师练习修身养性的功夫。几经点拨，居然学会了七十二般变化和筋斗云。

有一天，大伙儿在一起闲聊，说：“孙悟空，你和祖师怎么这样投缘呢？前些日子，祖师教给你的七十二般变化，可都会了吗？”孙悟空扬扬得意地笑道：“不瞒各位师哥师弟，一则是祖师传授有方，二来也是我刻苦练习，那几招功夫呀，我都会了。”大伙儿说：“你表演表演，变棵松树给我们看看吧！”孙悟空也是有意卖弄，摇身一变，就变做一棵松树。大伙儿见了，一边鼓掌，一边呵呵大笑，都夸：“好猴儿，好猴儿！”喧闹声把屋子里的须菩提都给惊动了。

须菩提拽着拐杖出来，冲着孙悟空就骂：“我做你的老师，启迪你的智慧，教授给你技艺，不是让你拿到众人面前卖弄的。

从你卖弄自己开始，通往智慧的门就关上了；与此同时，你必然会惹来许多是非和祸患。”孙悟空一下子跪在地上，低头认错说：“老师，我错了！”

须菩提仰天长叹说：“我也不怪罪你。只是你就到此为止，回家去吧！”就把孙悟空赶出了自己的门庭。他又再三叮嘱说：“你这一去，必然闹出许多大事。无论如何，不许说是我的徒弟，免得牵连到我！”

孙悟空无可奈何，只得拜别了老师，一个筋斗云，回到了花果山。

须菩提是个好老师

曾经有一位作家朋友跟我谈起孙悟空学艺的这一段公案。他为孙悟空叫屈，说：“人嘛，难免有一点虚荣心。孙悟空就那么显摆了一下，须菩提也太较真了，为什么非要把他赶出师门呢？”我以为，这位作家朋友很可能没有读懂《西游记》。

我们需要追问，须菩提究竟是谁？前面说过，须菩提住在斜月三星洞，这个洞名隐喻着心灵。换句话说，他就是住在心灵深处的良知和智慧。孔子说：“三人行，必有我师焉。”谁是我们的老师？真正的老师不是别人，就是这个须菩提。

须菩提是孙悟空的老师，也是我们每个人的老师。我们来到这个世界，看到万事万物，有善者，有不善者。孔子说，要“择其善者而从之，择其不善者而改之”。那我们怎么知道什么是善、什么是不善呢?

我们从小到大,会遇到很多老师。如果我们善于学习,万事万物都是我们的老师。那些“善者”,那些对我们产生积极影响的事物,是可以当作楷模的老师。那些“不善者”,那些对我们造成破坏性影响的事物,是给我们提供反面教材的老师。是谁告诉我们说,哪些老师是“善者”,哪些老师是“不善者”?是谁告诉我们说,哪个老师可以做楷模,哪个老师是反面教材?是须菩提。所以,我说,在人的一生中,无论你遇到多少老师,但真正的老师只有一个,那就是须菩提。他就是你的良知,他就是你的智慧。

我的作家朋友不知道,斜月三星洞和花果山其实分别象征着两个不同的世界,一个心灵的世界,一个世俗的世界。当孙悟空卖弄技艺的时候,他的心灵就被虚荣蒙蔽了。从这个意义上讲,并不是须菩提赶走了孙悟空,是孙悟空自己关闭了斜月三星洞的门。

我每次读《西游记》,也会遇到一些读不懂的地方。读不懂,那怎么办呢?就要承认自己读不懂,就要去敲打斜月三星洞的门,去请教须菩提老师。然后,须菩提老师就会开门,给我们答案。

有本事,就要大闹天宫吗?

须菩提的预言,很快得到了应验。他真是一个了不起的预言家。被逐出师门的孙悟空，不久之后就成了一个新闻人物。天上的神仙，地下的鬼怪，水底的精灵，几乎没有谁不知道孙悟空的大名。为什么？因为他竟敢大闹天宫，纵使十万天兵天将也奈何他不得。

有许多人觉得，孙悟空艺高人胆大，提着一根金箍棒上天入地，打得天兵天将落花流水，打得玉皇大帝屁滚尿流，真是过瘾！真是痛快！甚至有许多政治界、学术界、文艺界的重量级人物也来为孙悟空喝彩，高度赞扬孙悟空的反抗精神。他们认为，孙悟空作为一个气吞山河的英雄，追求的是无拘无束、自由自在的人生境界，而《西游记》正是在控诉一种压抑自由个性的社会文化。

但我不这样认为。《西游记》没有控诉，而是在揭示。控诉是一种强烈的情绪表达，与真理无关。与真理有关的，是揭示。揭示意味着你了解真相，了解真相中存在的真理，然后非常从容地打开给别人看。

当你在表达情绪时，你一定抱持着某种偏见。无论你多么自以为是，无论你的情绪多么强烈，都在反映那种偏见。只有等到你安静的时候，等到偏见和情绪消失的时候，真相才会像水落石出一样呈现在你面前。真正好的文学作品，绝不会表达偏见和情绪，而是通过从容不迫的讲述，来揭示万事万物中存在的真理之美。

孙悟空为什么要反抗、要控诉呢？他在花果山被谁欺负过吗？他在斜月三星洞被谁欺负过吗？分明是他自己提着金箍棒一路打到天庭，想要用斗争的方式，强迫玉皇大帝认输，那怎么是反抗和控诉呢？

做过家长的人都知道，有许多小孩子都曾经在家里上演过大闹天宫的故事情节。你认为他们是在“反抗”和“控诉”吗？小孩子的所作所为，不过是为了满足自己的欲望，怎么谈得上“反抗”和“控诉”呢？这些小调皮们，在家里任性胡来，动不动就大闹天宫，可不就活脱脱像个孙悟空吗？

真正成熟的人是安静的，他会陶醉在自己的世界里，自得其乐和旁若无人地生活。孙悟空有自己的花果山，那就是他的世界。他可以在那儿快乐地工作、快乐地生活，把花果山当成一个风景如画、瓜果飘香的宜居胜地。可是，他没有啊。他不成熟，他躁动，他没法安静。只要一安静下来，他就闲得无聊。只要闲得无聊，他就跑出去惹是生非。

有格言说：“世上本无事，庸人自扰之。”那些不成熟和不安静的人，那些远离了智慧的人，就是格言所说的庸人。按照这个评价标准，人类历史上的很多人，说来都是庸人。

神仙与妖怪的区别

毫无疑问，孙悟空就是一个英雄，已经具备了那种所向无敌的超能力。他又从东海龙王的海藏中，强行取走了一根神珍铁。这根神珍铁，名为“如意金箍棒”，据说是大禹治水使用过的神器，而后放在海底，便能使大海波澜不惊。如今孙悟空取走了它，把它当作兵器，要它大便大，要它小便小，平日藏在耳朵里，随时掣出，随时使用，力敌千钧，势不可挡。

不久，他又到阴曹地府，在死亡名册中勾掉了他自己和许多猴类的名字。想当初，他是那么怕死，以致悲伤哭泣。现在呢？掉了个个儿，阎王爷反倒怕起他来了。

尽管如此，他却不是神仙，而只是一个妖怪。

神仙与妖怪有多大区别呢？据说只有一念之差。可就是这一念之差，就决定了你是神仙还是妖怪。要知道，神仙与妖怪都是具有超能力的，做起善事来能够产生很好的建设性的作用，做起坏事来也会产生相当强烈的破坏作用。恰如那根神珍铁，放在海底就是定海神针，用作兵器就会兴风作浪。

任性胡来的孙悟空，其实就是一个四处搞破坏的妖猴。最初请求玉皇大帝派兵收降他的，就是东海龙王和幽冥界的阎王爷。龙王爷告他逞强施威、强讨恶要，阎王爷告他大闹阴曹地府、扰乱生死轮回。玉皇大帝也不是很了解孙悟空的情况，就问仙班里的各位神仙。

太白金星启奏说："那孙悟空虽是妖猴，只要他能够走上正道，也是可以修炼成神仙的。更何况他也有降龙伏虎的超能力，不如把他招到天上来，给他一个职位，既能让他受点约束，也可以让他多少做一点贡献。如果他实在不受约束，也可就地擒拿。这样，一方面避免劳师动众，另一方面也给了孙悟空一个成仙的机会。"

玉皇大帝觉得太白金星的建议很好，于是立即修诏，命他下凡招安。

太白金星奉诏来到花果山。孙悟空说："我这两日正想上天走走，天上就派使者请我来了。"于是，他高高兴兴地与太白金星一同出了水帘洞，腾云驾雾，飞天而去。

在天庭养马

孙悟空跟着太白金星到了凌霄宝殿。玉皇大帝向满殿的仙官问道："你们看看，还有哪个地方缺人？"武曲星君回答说："御马监缺一个正堂管事。"玉皇大帝笑了笑，说："就安排孙悟空做个'弼马温'吧！"

御马监是给玉皇大帝养马的一个后勤部门，里面饲养着一千多匹天马。可是，孙悟空是个猴子，怎么会养马呢？弼马温这个职位，适合他吗？

原来古人行军作战，最怕战马生病。马有一个特点，吃也是站着，喝也是站着，醒也是站着，睡也是站着。可不可以躺着睡呢？当然也可以。例如，在如茵的草地上躺着睡，或者是在干净的沙地上躺着睡，那都是非常舒服的。但就是不能在马厩里躺着睡，因为马厩里空间狭小，卫生条件差，躺下去就容易生病，就容易得马瘟。于是，人们就在马厩里拴上几只猴子，猴子爱闹腾，马也就没办法安睡，就躺不下去，这样就能够避免得马瘟。孙悟空的这个弼马温，其实是"避马瘟"的谐音。事实证明，武曲星君和玉皇大帝还是很能够知人善任的：

孙悟空果然会养马，不过半月时间，把那些天马养得“肉肥膘满”。

这一天，同事们请孙悟空吃酒。在酒桌上，忽然谈到一个问题。孙悟空问:“我这个‘弼马温’是个什么品级的官衔啊?”同事们回答说:“没有什么品级。”孙悟空又问:“没有品级，是不是很大很大呢?”同事们回答说:“一个养马的官儿，能够大到哪里去呢?在天庭里面，只能够叫作‘不入流’。”

就是这一句“不入流”的玩笑话，激怒了心高气傲的孙悟空。只见他拍案而起，咬牙大怒道:“好个玉帝老儿，这样藐视老孙！老孙在花果山称王称祖，怎么哄我来替他养马?我去也!”忽喇一声，把饭桌推倒，从耳中掣出金箍棒，从御马监一路打出南天门，径自返回花果山去了。又索性在山头树起了一面旌旗，以“齐天大圣”自封。

弼马温的品级问题

弼马温真是一个“不入流”的小官吗?按照中国古代的官制，御马监是一个正四品的机构，孙悟空担任的弼马温，是御马监的正堂管事，相当于正四品或者从四品的领导。在他的属下，还有典薄管、监丞、监副、力士官和很多做勤杂的人。由此可见，弼马温这个官职其实不小。

那么，同事们为什么说弼马温是一个“不入流”的小官呢?这就要看整个天庭的人事环境。就好像在到处都是大官的京城，相比较而言，正四品或者从四品，就只能算一个小官。孙悟空初来乍到，应该还不是很了解官场的情况。

在我看来——我是说，你也可以有自己的看法——在我看来，品评官职和品级，其实是一个很世俗、很功利的问题。孔子做过鲁国的大司寇，但他一生的成就，不是大司寇这个官职，而是他的学问。杜甫一生颠沛流离，但他的人生之所以光辉灿烂，是因为他写了很多好诗。还有蒲松龄，一辈子穷困潦倒，但他却创作了厚厚的一部《聊斋志异》，堪称“短篇小说之王”。

所以呢，要我说，孙悟空既然会养马，那么弼马温这个职位，应该是很适合他的。他可以在这个位置上做得很好，成为一个了不起的畜牧专家，或者一个了不起的兽医。所以，真正的问题不在于官职和品级，而在于他的虚荣心。用我们今天的话讲，他太浮躁了！

什么是好士兵？

有一句名言，据说是拿破仑说的：“不想当将军的士兵，就不是好士兵。”有很多人，都曾经受到过这句话的激励。

但若是要我说，想当将军的士兵，未必是个好士兵。为什么呢？因为他是一个野心勃勃的人，他会很努力，也很可能会到处钻营，但他懂得忠诚吗？我说的忠诚，不是要他无条件地服从他的主管，而是忠诚于他自己的本分。

在一个家庭里面，做丈夫的有丈夫的本分，尽职尽责的丈夫就是好丈夫；做妻子的有妻子的本分，尽职尽责的妻子就是好妻子；做父母的有父母的本分，尽职尽责的父母就是好父母。等到我们长大了，到一个公司去入职，做主管的有主管的本分，尽职尽责的主管就是好主管；做员工的有员工的本分，尽职尽责的员工就是好员工。这些道理大家好像都懂，但事实上却很少有人关注自己的本分。

我说的本分，不是要你接受别人的管制和奴役，而是要你摆脱野心对你的操控，回归自己，听从自己内心的那个声音。你的人生使命不是为了追求那些名利，而是为了成就一个优秀的自己。

在我们这个喧嚣的世界，很多人都野心勃勃，都浮躁。甚至可以说，自有人类以来，这个世界就没有缺少过野心，缺少的是什么呢？是安静和本分。

思考题

复习下面两段话，然后回答问题：

1. “当孙悟空卖弄技艺的时候，他的心灵就被虚荣蒙蔽了。从这个意义上讲，并不是须菩提赶走了孙悟空，是孙悟空自己关闭了斜月三星洞的门。”

   问：什么是虚荣？举两个例子，说明你对虚荣的理解。

2. “我说的忠诚，不是要他无条件地服从他的主管，而是忠诚于他自己的本分。”

   请思考“本分”的意义，并且回答：别人的“本分”与你的“本分”有什么不同？

第四课 >>>>

有本事就要大闹天宫吗？

有名无实的齐天大圣

话说孙悟空返回花果山，自封“齐天大圣”，公然挑战天庭的权威。“齐天大圣”是什么意思？就是跟玉皇大帝一样地位崇高的大圣人。你们看，他是多么狂妄啊！想想看，他的老师须菩提从来都没有这样狂妄过，他为什么会这样狂妄呢？

玉皇大帝很生气，立即派遣托塔天王李靖为降魔大元帅，点起天兵天将，前来捉拿孙悟空。没想到孙悟空还真有点儿本事，竟然先后打败了大名鼎鼎的巨灵神和哪吒三太子。玉皇大帝接到战报，吃了一惊，正要派兵增援，却又看见太白金星上来启奏说：“为了一个任性胡来的妖猴，这样兴师动众，实在是犯不着啊！他不是嫌官小吗？您哪，索性封他做个有名无实的齐天大圣。”

玉皇大帝沉吟说：“如果这样能够息事宁人的话，倒也是一条权宜之计。”他又派遣太白金星第二次前往花果山，把孙悟空请到天庭，给了他一个“齐天大圣”的名头。不曾想，事情并不像太白金星设想的那样简单，这个孙悟空啊，无所事事，便整天东游西逛，惹出许多闲事来。玉皇大帝无可奈何，只好又听从许旌阳真人的建议，委派孙悟空去管理蟠桃园。孙悟空也是无聊到了极点，听说有点事儿做，高兴得不行，破天荒地向玉皇大帝谢恩，到蟠桃园去了。

倘若孙悟空真是一个大圣人，管理蟠桃园就是一个非常适合他的好工作。可惜他不是。他只是一个有名无实的假大圣。适合他的好工作是做弼马温，而不是管理蟠桃园。

桃文化的意义

桃树原产于中国本土，是一种有故事的果树，它的文化史源远流长。听说过《山海经》没有？那是一部非常古老和传奇的书，里面记载了一则《夸父追日》的神话。夸父追日，在半道上渴死了，他的手杖扔在地上，化为一片桃林。从那时候开始，桃树就象征着纯洁、坚贞和神圣的生命。在中国传统文化中，纯洁、坚贞都是神圣的同义词。只有纯洁，只有坚贞，才能显现出生命本有的神圣意义。

古代中国人相信，用神圣的桃木做武器，可以制鬼驱邪。在《山海经》里面，也记载着神荼和郁垒捉鬼的故事。故事说，东海有一座度索山，上面长满了大桃树。度索山的东北又有一座山门，叫作鬼门，门外聚集着许许多多的恶鬼。上天派遣神荼和郁垒把守鬼门，每当恶鬼害人，就用苇草编成的绳索捆绑起来，用桃木弓射箭击杀它们，然后把它们扔给老虎吃。后来，老百姓就把神荼、郁垒的画像刻成桃符，挂在大门上辟邪。两块桃符，左右两扇大门，一边一块。“爆竹声中一岁除，春风送暖入屠苏。千门万户曈曈日，总把新桃换旧符。”过年的时候，人们就要在大门上悬挂新刻的桃符。后来，桃符逐渐改成了春联。

过了年，桃花就要开了。盛开的桃花象征纯洁的爱与生机，后来又特指男女之间的爱情。例如男生，等到你长大了，有女生爱上你，这就叫“桃花运”。还有桃树的果实，象征着心灵。《诗经》有诗云：“投我以桃，报之以李。”意思是说，他以一颗赤诚的心待我，我也要以一颗崇敬的心报答他；又因此引申出了儒家所歌颂的仁义。你们都看过《三国演义》，刘备、关羽、张飞为什么在桃园结义，而不是在梅园、梨园、竹园？就在于桃园有它特殊的文化含义。

《搜神记》里面有一则“刘阮遇仙”的故事。说，汉明帝永平五年，刘晨和他的好朋友阮肇在天台山迷路了，饿得要死。远远望见山岭上一片桃林，枝头上果实累累，都是仙桃。急忙攀缘过去，摘下来就吃。吃得满心都是甜润，精神大长。接着，他们又在溪水边遇见两位仙女，彼此相爱，结成了两对夫妻。到了第二年，刘晨说：“我想家了，我要回去看看。”回家一看，家乡已经过去了十代人的光景；接待他的白胡子老头，竟然是他第七代的孙子。原来啊，自从刘晨吃了仙桃以后，就成了长生不老的仙人啦！

监守自盗，任性胡闹

蟠桃园里面的蟠桃，是仙桃。孙悟空是怎么管理蟠桃园的呢？任性胡来，监守自盗，每天躲在园子里偷吃。从文学上讲，仙桃象征着心灵，偷吃仙桃又是什么意思呢？就是昧良心。你们看动画片的时候，觉得孙悟空偷吃仙桃的样子很好玩，但仔细想想，真的很好玩吗？监守自盗，这可是一个职业道德问题啊！

孙悟空不仅偷吃仙桃，还在“蟠桃胜会”的前一天晚上，把王母娘娘准备宴请客人的美味珍馐，就着酒缸，胡吃海喝了一个痛快。喝得醉醺醺的，摇摇摆摆，又任性乱撞，一撞就撞进了太上老君的兜率宫。在那里，他又趁机把太上老君的金丹偷吃了一个精光。

等到酒醒，孙悟空顿时被自己吓了一跳。他知道，玉皇大帝一定会拿他问罪的，就再也不敢回他的齐天大圣府。这一回，他没有走南天门，而是从西天门偷偷地溜回了花果山。

玉皇大帝果然气得大发雷霆，立即命令托塔李天王和哪吒三太子，率领四大天王和十万天兵天将，去花果山捉拿妖猴问罪。孙悟空也是自恃本领高强，居然让托塔李天王连续吃了几次败仗。情急之下，玉皇大帝把他的外甥二郎神请来增援。

二郎神的七十三般变化

民间传说，孙悟空有七十二般变化，而二郎神却有七十三般变化。这就是说，二郎神的本事比孙悟空要略胜一筹。孙悟空舞起金箍棒，率领猴群应战。二郎神呢？使用的是一杆三尖两刃枪，旁边也有梅山六兄弟和哮天犬助阵。

双方缠斗了很久，不分胜负。孙悟空心里慌乱，摇身就变作一只麻雀，躲藏到树上去了。二郎神也扔下兵器，摇身变作一只饿鹰，飞身扑了过去。孙悟空见势不妙，嗖的一声，变作一只鱼鹰冲天而去。二郎神见了，也变作一只大海鹤，紧跟着冲入云霄。孙悟空急忙又俯冲而下，一个猛子钻入涧中，变成一条小鱼儿。二郎神赶到涧边，变成一只鱼鹰来啄小鱼。孙悟空急忙又变作一条水蛇钻入草中。二郎神认得那条水蛇是孙悟空，也立即变成一只灰鹤，伸着一个尖头铁钳子似的长嘴，来啄水蛇。水蛇跳一跳，又变做一只花鸨，傻里傻气地站在小岛上。二郎神立即现出原身，取出弹弓，一弹子把那只花鸨打得飞跳起来。

二郎神眼见孙悟空从半空云里坠落，急忙赶过山崖前来寻找。孙悟空变作一座土地庙，趴在那里一动不动。他的嘴巴变成庙门，眼睛变成窗棂；只有尾巴不好收拾，竖在后面，变做一根旗杆。二郎神睁着一双丹凤眼，看了又看，笑了起来，说：“哪有土地庙后面竖旗杆的呢？这肯定是那只猴子！他想哄我进去，然后将我一口咬住。我就先捣碎你的窗，踢烂你的门！”孙悟空听得胆战心惊，扑的一个虎跳，一阵烟似的在空中不见了。

此时，玉皇大帝和一群神仙就在南天门观战。太上老君说：“让我来给二郎神帮个小忙。”他捋起衣袖，从左胳膊上取下一只“金钢套”，照准孙悟空就扔了下去。孙悟空恰好被二郎神和梅山六兄弟围在阵中苦斗，来不及躲闪，被“金钢套”打中了脑袋，一跤摔在地上。哮天犬赶上来，张嘴就咬住了他的腿肚子。二郎神和梅山六兄弟趁机一拥而上，把这个不可一世的妖猴捉住了。

王灵官的故事

齐天大圣孙悟空被绑在斩妖台上，任凭刀砍斧劈，都无法伤害他一根毫毛。我们在前面说过，孙悟空的故事其实就是我们每个人自己的故事，孙悟空被绑在斩妖台上，就好像我们的自我被绑在斩妖台上。自我一旦形成，就会变得非常强硬和固执。除非我们懂得反省自己，否则，没有外在的力量能够改变我们。

太上老君对玉皇大帝说：“这个妖猴太顽固了。我把他领回去，放在八卦炉中煅烧，把他吃下去的金丹，连同他自己，全部都炼成金丹。”于是他回到兜率宫，把孙悟空推进八卦炉中，煅烧了七七四十九天。算算火候，太上老君以为金丹已经炼好了，便打开炉门来取。

没想到孙悟空在里面还活着哩，除了被烟火熏得满脸泪水，浑身没有任何损伤。忽然看见炉门一亮，立即纵身跳了出来，一脚就蹬倒了八卦炉。据说，八卦炉中的火焰泻落人间，就成了唐僧师徒西行途中遇到的那座火焰山。

孙悟空跳出了八卦炉，把金箍棒握在手中，大打出手，一路打向玉皇大帝的灵霄宝殿。当天刚好是王灵官值日。他掣出金鞭，上前喝道："你这个泼猴，休要猖狂！"孙悟空早已杀红了眼，不由分说，举棒就打。王灵官起鞭迎战，两个人就在灵霄殿前好一阵厮打，难分胜负。

在中国的神仙界，王灵官的名气并不大，他怎么也有这等功夫，能够力敌齐天大圣孙悟空呢？传说，这个王灵官原名王恶，是湘阴县的城隍。萨守坚真人经过湘阴县，看到人们用童男童女供奉他，吃惊地说："人世间怎么还有这样的邪恶？"他便祭起雷火，把王恶的城隍庙一把火烧得精光。王恶不服气，跑到玉皇大帝面前告状说："天底下谁没有罪过？这萨守坚实在太欺负人了。"玉皇大帝说："我赐你一双慧眼，让你暗中查看萨真人有无罪过。我还赐你一根金鞭，假若萨真人真的被你抓住了把柄，你可以立即用金鞭敲碎他的脑袋。"王恶在暗中跟随了萨守坚十二年，竟然找不到一点过错。王恶非常感动，就拜在萨守坚跟前，做了萨守坚的门徒。萨守坚也为王恶的转变感到高兴，给他改了名字，叫作王善。

这一段改恶从善的亲身经历，使得王善对正义有了很深的理解，从此变得刚直不阿。玉皇大帝听到萨守坚的奏报，也很高兴，把王善录用为灵官天将，在天庭三十六位雷将中名列首席。而今在道教的灵官殿里，供奉的那位金甲红袍、赤面髯须、手持金鞭的护法神就是王灵官，被人们敬仰为“神威豁落将”“都天纠察大灵官”，简称“豁落灵官”。

玉皇大帝的由来

就在这时，如来佛从西天赶来了。他喊住包括王灵官在内的三十六位雷将，说：“各位雷将暂且歇息，我要问问这个齐天大圣，他凭什么在这里胡闹？”

三十六位雷将遵命退下。孙悟空却不高兴了，厉声高叫道：“你是谁呀？怎么敢来这里多管闲事？”如来佛笑道：“我是从西方来的释迦牟尼。听说你三番几次大闹天宫，是玉皇大帝得罪你了吗？你且说说，我来给你评个公道。”孙悟空说：“玉皇大帝倒不曾得罪我。但你既然说到公道，就来好好理论理论，他做得了玉皇大帝，凭什么我就做不得？凭什么我就不能跟他争个高低？”

如来佛听了这话，呵呵笑道：“你这个泼猴，玉皇大帝也是什么人都能做的吗？”原来，玉皇大帝并非天生，也是有由来的。据说，盘古开天辟地之后，天地间一片祥和。可是，好景不长，各路神鬼争雄，把天地之间搅成了一锅粥。太白金星决定找一个才德兼备的人，通过有效的管理来扭转这种局面。于是，他化装为乞丐，四处寻找，后来到了张家湾，终于发现张友人。张家湾是个几万人的大山寨，张友人就是这个山寨的寨主。男人治理好一个小家尚且不容易，张友人居然能够将这么大的一个寨子治理得人人谦逊有礼、邻里和睦互助。问他有何高招，张友人笑了笑说，无非一个“忍”字。“忍”者，耐烦也。张友人慈悲为怀、百忍为上，人称“张百忍”，因此能够包容繁杂、以宽得众，可见张友人海纳百川的胸怀。太白金星认为张友人是一个理想的管理人才，请他上天。后来，各路神仙经过试探，一致同意张友人管理天庭，做了玉皇大帝。

可是，孙悟空依然噘着嘴说：“他虽然有些涵养，也不应该老是占着玉皇大帝的宝座不放，对吧？常言说：‘皇帝轮流做，明年到我家。’只要他搬出去，把天宫让与我，也就罢了。若还不让，我一定要搅得他永世不得清平！”

孙悟空这话听着耳熟。在中国历史上，许多人都说过类似的“豪言壮语”。当年秦灭六国，天下初定，始皇南巡，威风凛凛。刘邦就说过：“大丈夫生当如此。”项羽也说过：“彼可取而代之。”几千年来，想当皇帝的人层出不穷。

在如来佛的手掌里面

神仙们之所以推张友人做玉皇大帝，是为了让他承担玉皇大帝的职责。孙悟空想做玉皇大帝，却是为了享有玉皇大帝的权力。可是，这个道理跟孙悟空讲得清楚吗？佛祖就问孙悟空：“你有什么本事，要夺玉皇大帝的宝座？”

孙悟空哈哈大笑，夸口说：“我的手段多着哩！我有七十二般变化，万劫不老长生。会驾筋斗云，一纵十万八千里。如何坐不得天位?”如来佛笑道:“我与你打个赌：你若有本事，能够一筋斗跳出我的手掌，就算你赢，我就请玉皇大帝到西方居住，把天宫让给你；若是跳不出去，你还回花果山做你的猴王。”孙悟空听了这话，心里暗笑道:“这个如来真是呆子！我老孙一筋斗十万八千里。他那手掌，方圆不满一尺，如何跳不出去?”

他自以为稳操胜券，生怕佛祖后悔，急忙问道:“你可做得主吗?”如来佛笑盈盈地点头，回答说:“做得！做得！”伸开右手，却似个荷叶大小。孙悟空收了金箍棒，抖擞精神，把身一纵，站在如来佛的手心里，说了一声:“我去也！”便一路云光，无影无形去了。

正飞着哩，忽然看见有五根肉红柱子，撑着一股青气。孙悟空以为到了天尽头，便拔下一根毫毛，变作一支毛笔，在中间那根柱子上写下“齐天大圣，到此一游”八个大字。写完了，他又在第一根柱子底下撒了一泡猴尿。然后又一个筋斗云回到如来的掌心，叫道:“如来，我去了又回，你教玉皇大帝把天宫让给我吧！”

如来佛骂道:“你这个臊猴子，什么时候离开过我的手掌?”孙悟空说:“我一筋斗翻到天尽头，在那里留了一个记号，你敢和我同去看吗?”如来佛说:“哪里是天尽头？你回头看看就明白啦！”孙悟空睁圆火眼金睛，回头看时，只见如来佛的中指上赫然写着“齐天大圣，到此一游”八个大字。大指丫里，还有些猴尿臊气。

孙悟空大吃一惊，叫道："怎么会有这样的蹊跷事？我得再去看看！"纵身又要跳出。如来佛翻掌一扑，把孙悟空从西天门外推了出去。他的五根手指头，随即化作金、木、水、火、土，五座联山，唤名"五行山"，把孙悟空压在下面动弹不得。

孙悟空为什么跳不出如来佛的手掌？

《西游记》的这一回叫作"五行山下定心猿"，孙悟空大闹天宫的故事到此结束。可是，几乎所有的人都不明白：孙悟空那么大的本事，为什么就跳不出如来佛的手心呢？为什么"五行山"能够压得住孔武有力的齐天大圣呢？

这就是大自然的法则。在哲学上，人们把它叫作真理。真理是无限丰富和无穷无尽的，我们每个人穷其一生，都只能了解其中一部分。了解真理有什么好处呢？你了解得越多，就越有智慧。我们之所以要做学问，就是为了寻找真理，真理就是我们在寻找的答案。当你活在真理和智慧里面，你就会活得很明白，没有了迷茫，也没有了恐惧和忧愁。你就会活得很自信、很自在、很喜乐。

与之相反，如果你不了解真理，那么你就只能生活在物质形态中。你可能会否认真理，但真理依然会执行它自己的法则。佛教把真理叫作佛法，称之为"佛法无边"。传说中的如来佛，既是真理的觉悟者，同时也是真理的化身；既是佛法的觉悟者，也是佛法的执行者。孙悟空跳不出如来佛的手掌，就好比说孙悟空跳不出佛法、跳不出真理的无穷性。

古代中国人把各种物质形态分类为金、木、水、火、土，称之为五行。换一句话说，五行就是物质形态的世俗生活，在这种生活里面，是看不到真理的。从哪里能够看到真理？从你的心灵里面。你的心灵就是非物质形态的。一颗没有被物质形态迷惑的心灵，就是光明通透的心灵。那颗心灵就是我们通向真理的门。如果那道门关闭着，我们就只能生活在黑暗或者是自作聪明的狂妄中。

任性胡来的孙悟空，狂妄的孙悟空，之所以被镇压在五行山下，就是因为真理在执行它的法则。就好像你整天胡吃海喝，那就容易生病；你经常熬夜打游戏，那也容易生病。你们在网上搜索一下，就有一些人经常熬夜，导致眼睛红肿，甚至患上眼疾。这个世界不是你自以为是的世界，不是你想要怎样就怎样的世界，我们得按照真理的游戏规则来生活。

思考题

1. 我们在上一课谈到过忠诚与本分的问题。请结合孙悟空大闹天宫的故事，谈一谈你对忠诚与本分的理解。

2. 朗读下面的话：

“这个世界不是你自以为是的世界，不是你想要怎样就怎样的世界，我们得按照真理的游戏规则来生活。”

第五课 >>>>

想想你这辈子应该做的事

寻找人生的真理

人活着就是为了找到真理。什么是真理？真理就是我们在寻找的答案。与这个答案对应的，是谁也说不清楚的三个哲学问题："我是谁？我从哪里来？要到哪里去？"按照佛教徒的说法，从灵山大雷音寺的如来佛祖那里，可以找到这三个问题的答案。

灵山在哪儿呢？一种是地理上的灵山，玄奘法师在《大唐西域记》里面写作"耆阇崛山"，佛祖曾经在那里讲授佛法。一种是心理上的灵山，就是中国传统文化里面所说的西天。

西天这个概念，并非出自佛教。早在仓颉创造汉字的时候，就有这个概念。甲骨文里面的"西"字，是一个鸟巢的象形。后来，小鸟归巢的动词就写作"栖"，称之为"栖息"。等到佛教传入中国以后，佛教里面就有了灵山和西天的说法。灵山就是前面说的灵台方寸山，西天就是灵魂的栖息地。

有一首禅诗，写得非常好：

佛在心中莫浪求，灵山只在汝心头。
人人有个灵山塔，只向灵山塔下修。

“浪”字是古文的说法，就是“乱”，“浪求”就是“乱求”。不要到处乱跑，请关注你的心，因为灵山就在你的心里头，你将在那里找到佛。此心即佛，佛即此心，不要到你的心灵外面去寻求佛法。在心外求法，属于外道。

据说，如来佛祖也希望能够帮助每个人走上正道、得成善果。有一天，他在给他的信徒们上课时，又提到孙悟空大闹天宫这段公案。他说：“我看这四大部洲的众生，天性贪婪，惹出许多是非和争斗。我有三藏真经，希望能够传授给他们，帮助他们过上真正幸福、快乐的生活。”这三藏真经，是如来佛祖给他的信徒们准备的教科书，包括《法》一藏、《论》一藏、《经》一藏。这个藏，就是用竹子制作的书箱。

佛祖要怎么传授这三藏真经呢？他的办法，不是像我们今天这样，出版多少万册，然后发行给世界各地的书店零售。如果是这样的话，那么佛法也很容易得到，容易得到就没有人珍惜。他认为，如果有人诚心向佛，就应该通过苦难的人生经历，来求取真经。

观音菩萨恰好也在下面听课，就站起来说：“我愿意到东土大唐去，找一个取经人来。”

如来佛大喜，说道：“既然你愿意前往东土，我就给你五件宝贝，托你转交给取经人。”这五件宝贝是：一件锦襕袈裟、一根九环锡杖和三个金箍儿。

观音菩萨便来东土大唐找到一位和尚，法号三藏，就是《西游记》里面的唐僧。菩萨见那唐僧相貌堂堂，满心欢喜，就先把锦襕袈裟和九环锡杖送给了他。还有三个金箍儿，后来分别戴在了孙悟空、熊罴精和红孩儿的头上。正是因为这三个金箍儿，唐僧才能够以一支团队的力量，去克服千难万险，并最终取得真经。

西游团队中四种性格类型

按照“灵山只在汝心头”的说法，唐僧的取经之旅，其实也是一段心路历程。他所经历的，与其说是在地理上的千难万险，不如说是在心理上的千难万险。

甚至我们也可以这样说：走在取经路上的每一个人都是唐僧。至于唐僧师徒四个人，可以看作是一个取经人的四种性格层面。

唐僧——完美型性格的象征

唐僧的兴趣在于探索，能够以缜密的思维分析问题，总是能够以杰出的才华，创造出美不胜收的惊世之作。即使在童年时代，完美型的唐僧（他那时名叫江流）就已经懂得深思熟虑，成功地实施了他的复仇计划，将杀害了他的父亲、霸占了他的母亲的恶棍刘洪绳之以法。及至稍长，他便成了一个思想家，并最终成长为学贯中西的一代圣僧。他是如此严肃认真、注重细节、执着追求真理，因此被观音菩萨视为一个理想的授权对象。他的座右铭是：既然值得去做，就应该做到最好。因此，他不在意做得有多快，却绝对在意做得有多好。

和唐僧一样，典型的完美型性格的人往往着眼于长远的目标。他们比其他性格类型的人想得更多，所以总是能够从一个更高的层面来看待问题。他们有着异乎常人的天赋，因而表现出音乐、哲学、艺术等多方面的才华。他们识英雄、颂英雄、为英雄挥泪。他们崇尚美德，并且孜孜不倦于探索人生的意义。他们乐于为自己选择的事业做好规划，并确保每个细节都能做到完美无瑕。

完美主义的心理动机，其实是严重的不安全感，这样就使得他们对自己和别人的要求过分严格。他们感情内向，对事物的缺点非常敏感，有时候甚至到了惊恐和焦虑不安的地步。

孙悟空：力量型性格的象征

他似乎永远充满活力，永远在超越自己的极限。他的字典里有两个重要的词：目标和成功。和孙悟空一样，这种性格的人比其他性格类型的人更加崇尚行动。他们通常是组织中的铁腕人物，目光所向，无坚不摧。他们在意工作的结果，对过程和人的情感却不太关心。他们喜欢控制一切，并强硬地按照自己的意愿发出指令。他们显得那么霸道、粗鲁、冷酷无情。

猪八戒：活泼型性格的象征

如果说完美型的唐僧崇尚美德，力量型的孙悟空崇尚行动，那么，活泼型的猪八戒崇尚的则是乐趣。有好事者在互联网上做过调查，猪八戒是《西游记》中最鲜活有趣的人物形象。

和猪八戒一样，典型的活泼型性格的人情感外露，热情奔放。他们懂得如何从工作中寻找乐趣，然后在绘声绘色的描述中，再一次回味那些令人兴奋的细节。他们通常是滔滔不绝的故事大王，他们的生活永远多姿多彩。

然而，他们似乎总是说得多，做得少。只要他们在现场，就永远是欢声笑语，可一旦遇到麻烦，他们就会消失得无影无踪。他们似乎是一群永远也长不大的孩子，好逸恶劳、贪图享受、不成熟，没有条理，缺乏责任心。

沙和尚：和平型性格的象征

当唐僧在想、孙悟空在做、猪八戒在说的时候，沙和尚比任何人都低调，他在看。当猪八戒在尖叫、孙悟空在攻击、唐僧在消沉的时候，只有沙和尚稳如磐石。这个情绪内敛、处世低调的乐天派，总是能够充满耐心地应对那些复杂多变的局面。

和沙和尚一样，和平型性格的人最令人欣赏的特点之一，就是能够在风暴中保持冷静。他们习惯于遵守既定的游戏规则，习惯于避免冲突和考虑立场。他们乐天知命，对生活没有很高的期望和要求，因此很容易安于生命中的起伏变化。他们是如此友好而平静，以至于能够接纳所有的麻烦。他们是所有人的好朋友，因为他们的天赋造就了良好的人际关系。

然而，他们似乎也总是没有主见、不愿负责、缺乏热情。他们不喜欢出风头，还喜欢嘲讽那些风头上的人和事。他们总是得过且过，以至于显得平庸，甚至有些马虎和懒惰。

你是哪一种性格？

西天意味着生命的归属和更新。向西天取经，就是向着自己的心灵叩问人生的价值。我们在人群中生活，因为各自的性格差异，分别扮演着唐僧、孙悟空、猪八戒、沙和尚等不同的人物角色。与此同时，我们每个人也都是取经的使者，走在我们各自的人生旅途中。

假设你有机会承担《西游记》的演出任务，你会选择哪一个角色呢?

1. 有哲学头脑的唐僧
2. 有行动力的孙悟空
3. 滑稽可爱的猪八戒
4. 随和低调的沙和尚

如果你选择唐僧，那就表明你更愿意思考人生的价值。

如果你选择孙悟空，则表明你更看重实际的结果。

如果你选择猪八戒，则表明你喜欢享受快乐的过程。

如果你选择沙和尚，则表明你选择的是静观其变的人生哲学，既能用“绿叶映红花”的方式避免冲突和营造友好的人际关系，也能够以不变应万变地从容处世。

我们每个人身上，可能同时集合着唐僧师徒的四种性格基调。孙悟空部分，象征着人类与生俱来的生命力和奋斗精神；唐僧部分，象征着我们的人文追求和理想主义；猪八戒部分，象征着我们必须面对的世俗社会和享乐主义，包括讨人喜欢的公共关系、对金钱的谋取等诸多层面；沙和尚部分，象征着我们在忙碌的人生旅途中所需要的沉着和耐心。

在这四种性格基调中，有一种主导功能的性格基调。如果你的主导功能是“完美”，那么你就是完美型性格，你应该选择唐僧这样的职业角色。如果你的主导功能是“力量”，那么你就是力量型性格，你应该选择孙悟空这样的职业角色。如果你的主导功能是“活泼”，那么你就是活泼型性格，你应该选择猪八戒这样的职业角色。如果你的主导功能是“和平”，那么你就是和平型性格，你应该选择沙和尚这样的职业角色。

我们正在去西天取经的路上

是的，我们正在去西天取经的路上。我们需要思考这辈子应该做的事，我们把这件事称之为职业。所谓职业，并不仅仅是赚钱，它还关系到你的人生使命。

从现在开始，在整个学生时代，你们都应该思考这个问题。你们的思考，会直接影响到你们的学习态度和你们对专业的选择，直到你们从职业学校或者大学毕业，进入求职、应聘的通道和决定你们是否快乐的职业生涯。

快乐的职业生涯，就意味着成功的人生。否则，你的人生就是悲催的。所以，你应该选择你愿意为之付出的职业。如果你喜欢它，那么你的职业生涯就会充满了探索和创造的乐趣。

为了最终能取得真经，成就你的职业生涯，下面的问题是你必须认真对待的：

作为个人

1. 我们必须针对自己的性格类型，选择与之相匹配的职业角色，做好个人的职业生涯规划。

2. 由于性格上的差异，每个人在思考问题的方式、对待困难的态度、利用时间的方式、处理感情问题的方式、处理人际冲突的方式等方面，都会有很大的区别。因此，我们有必要理解不同性格类型的思维方式和行为方式，以便与他们进行良好的沟通，建立融洽的关系。

作为团队的管理者

1. 你应该帮助每一位团队成员做好职业生涯规划，在帮助他们成长的同时，带动整个公司的发展。

2. 你应该根据不同的岗位来厘定不同的任职条件，然后选拔与之相匹配的性格类型的人。

3. 你还应该对不同性格类型的员工进行科学的团队组合，使之形成优势互补，通过有效的团队文化建设来推动公司业务的持续发展。

早在两千五百多年前，中国古代的圣贤们就给我们留下了“修身齐家治国平天下”的职业指导方案。按照这个方案的优先顺序，成功的职业生涯其实是从“修身”开始的。现在，我们可以从职业生活的角度来解读《西游记》，从中领悟到许多“修身”的道理。

思考题

1. 选择题：在四种性格基调中，你的主导性格是什么？

孙悟空/力量型（　　）　　猪八戒/活泼型（　　）

沙和尚/和平型（　　）　　唐　僧/完美型（　　）

2. 针对你的性格特征，想一想：你长大以后将会从事何种职业？

第六课 >>>>

为什么偏偏是唐僧?

观音菩萨的情怀

当观音菩萨在寻找取经人的时候，唐僧也在信仰着观音菩萨。唐僧在中国历史上的人物原型，是唐太宗时期的玄奘法师。那时候，观音菩萨信仰已经传入中国四百多年了。

传说，远古时代有一个妙庄国。妙庄国的妙庄王，有三个女儿。大公主爱慕虚荣，天天浓妆艳抹，穿红戴绿。二公主贪图享受，一天到晚轻歌曼舞，吃喝玩乐。只有三公主，喜欢读书诵经，对于吃喝穿戴却毫不在意。妙庄王已经很老了，他决定把王位传给贤良方正的三公主。在此之前，他还得给三公主招一位能干的驸马，让她能够尽早成家立业。

一天，妙庄王对三公主道:“儿呀，宰相的大公子年轻英俊，可配我儿，我想叫老太师去做媒，如何?”三公主神态恍惚地摇了摇头。

过了数日，妙庄王又说："儿呀，当今的新科状元才学出众，这桩婚事你愿意吗？"三公主听了还是摇头。

不几天，妙庄王又来了，说："儿呀，这回你一定满意了，为父给你找的这个驸马郎是全国首富，他们家金银如山，有的是钱……"三公主不待父亲把话说完，把头摇得拨浪鼓似的："父王，您既然有意让女儿继承王位，我所思所想的，那就不仅是我一个人的事情，还有天下苍生的福祉。在女儿没有悟出这些问题之前，我是不会嫁给任何人的。"

妙庄王气得脸色发青，跳起来喝道："你胆敢屡次三番违抗父王的旨意！老实告诉你，今日这桩婚事，不管你愿还是不愿，一定得办！今日定亲，明日行聘，后天就成婚！"

第二天一早，新驸马家吹吹打打来送聘礼，黄金白银、珍珠玛瑙源源不断地用车子运进宫来。妙庄王看了乐得跟什么似的，忙吩咐身边宫娥，请出三公主来看看，跟这样富贵人家结亲，有多体面，多荣耀！宫娥奉命去了，不一会儿就慌慌张张地跑来："启禀陛下，不好了！三公主失踪了！"妙庄王闻报也慌了神，顿足道："来人呀，快给我去找三公主！"霎时间，王宫里乱了营，宫娥、太监奔来窜去，到处搜寻。宫城里面找不到，又派人到外面找，历时半年，才得知三公主已经出家当了尼姑，法名妙善。

潜心修行的三公主终于得道，自渡而后渡人，成了救苦救难的观音菩萨，成了妙庄国乃至大半个亚洲的信仰。

观音菩萨是什么意义呢？"观"，就是看。不能只是道听途说，还要亲自去看。不仅用眼睛看，更重要的是用心看。不要停留在事物的现象层面，要透过现象去看里面的事实，要看清楚。尽管我们每个人都有自己的眼睛，也有自己的心灵，却只有很少的人能够看得清楚。

为什么看不清楚呢？因为我们已经习惯于自以为是。我们总是习惯于带着自己的成见去看问题。这种看问题的方式，使得我们总是在寻找证据，因为我们想要利用那些证据论证自己的成见。于是，我们就会远离探索，错过那些隐藏在深处的真实信息。

“音”，就是信息。在这个无穷无尽的世界中，万事万物都在以自己的语言说话。如果我们已经习惯于自以为是，我们就会误会它们。我们只能通过一颗安静的心，一颗没有成见的心，才能够靠近它们，然后完成对它们的理解。

至于“菩萨”，是梵文的翻译，它的全称是“菩提萨缍”。“菩提”的意思就是觉悟和理解。“萨缍”呢？就是爱，因为觉悟和理解而产生的爱，佛教徒称之为慈悲。

为什么偏偏是唐僧？

关于选拔取经人这件事，许多人都不明白，为什么观世音菩萨单单就看中了唐僧呢？在唐僧和孙悟空、猪八戒、沙和尚四个人中间，就数他最迂腐、最懦弱、最无能，凭什么要孙悟空、猪八戒、沙和尚给他做弟子呢？

三位弟子之中，以大弟子孙悟空的本事最大，曾经大闹过天宫，号称“齐天大圣”，会七十二般变化，一个筋斗云就是十万八千里。二弟子猪八戒和三弟子沙和尚也不是凡夫俗子，都是天神下凡，都能够腾云驾雾。还有一个奇怪的问题是：既然有了三位神通广大的弟子，为什么不让他们用神通把他送到西天，却非要徒步跋涉、自讨苦吃呢？

答案是：因为唐僧的完美型人格。真理隐藏在万事万物之中，透露出许多若隐若现的线索。而完美型的敏感性，使得他们更容易觉察到那些线索。那些线索，文学称之为隐喻，哲学称之为暗示，佛教则称之为“咒”。从这个意义上讲，观音菩萨其实就是一个“咒”。只有完美型，才会用心去解读这些“咒”语。他们比别人都想得更多、想得更透，目光也更为长远。与此同时，他们也喜欢做战略上的规划，并且会用高标准、严要求去执行这个规划。

除了需要合适的人选，取回真经还有两个条件。第一，取经人必须亲身经历这个过程。第二，在这个过程中有很深刻的体验、观察和思考。从这个意义上讲，唐僧没有其他捷径可走，其他人也无法代他取回真经。就好像是你，你的真经在你的亲身经历中。你可以通过读书和交谈得到知识，但你对那些知识是没有亲身体验的。那些知识只是道听途说，你不可能从中得到感悟。

老马和驴子的故事

贞观十三年九月，唐僧终于骑着一匹瘦马，踏上了西行取经的路。据说这匹马从前住在长安城西的一家磨坊，它和一头驴子是好朋友。平日，马在外面拉东西，驴子在屋里推磨。没想到，当这匹马昂首西去之后，从此就有了与驴子迥然不同的命运。

十四年后，这匹马驮着佛经回到长安，到磨坊会见它的驴子朋友。老马谈起这次旅途的经历：浩瀚无边的沙漠，高入云霄的山岭，凌峰的冰雪，热海的波澜……那些神话般的境界，使驴子听了大为惊异。驴子惊叹道："你有多么丰富的见闻呀！那么遥远的道路，我简直连想都不敢想呀！"

"你知道吗？"老马说，"其实，我们行走的路程大致是相等的。每当我向西域前进一步，你也一步没停。不同的是，唐僧和我有一个遥远的目标，按照始终如一的方向前进，所以我们打开了一个广阔的世界。而你被蒙住了眼睛，一生就围着磨盘打转，所以永远也走不出这个狭隘的天地。"

老马和驴子的寓言同样适用于这样一群人：最初他们的智力其实不相上下，在走过漫长的人生之后，有的人活出了境界和智慧，有的却碌碌无为。是什么原因造成了这么大的区别呢？答案同样是目标。

驴子也有自己的目标，它的目标就是磨盘上的世俗生活。它已经围着磨盘打了无数个转。尽管被蒙住了眼睛，但它已经熟悉了工作流程中的每一个细节。它认为那个世俗生活才是现实的，至于老马的目标，在实现以前，听起来是多么虚无缥缈啊！

原来，杰出人士与平庸之辈最根本的差别就在这里，不在于天赋，也不在于机遇，而在于他们各自的人生目标！当老马一往无前地向着西天行进时，驴子只是围着磨盘打转。尽管驴子一生跨出的脚步与老马相差无几，可就是因为它自己的那个目标，它的一生始终都没能走出那个狭隘的天地。

困难是一张虎皮

在那“数村木落芦花碎，几树枫杨红叶坠”的秋天，唐僧骑着马，带着两个从人上路了。不久，他们先后遭遇了三只老虎。

第一只老虎是个妖精。那天清晨，唐僧和两个从人在行走中迷路了，惶惑之中跌入了一个坑洞，成了老虎精的俘虏。

老虎精比喻困难或者灾难。在胆小怯懦者的眼里，困难或灾难就是吃人的老虎。于是，当苦难降临时，两个从人先是被吓得骨软筋麻，继而痛切悲啼，然后从唐僧身边永远地消失了。

唐僧也被吓得魂飞魄散。幸好他“本性元明”——所谓“本性元明”，就是说他记得自己的使命。于是，在太白金星的指引下，他又从迷失中回过神来，重新走上了取经的路。

接着，他在双叉岭又遇到了第二只老虎。可怜的唐僧，自觉孤身无策，以为必死，心中万分凄凉。这时候，猎户刘伯钦及时出现，与老虎搏斗了一个时辰，终于把老虎猎为己有。刘伯钦的求胜之道是“人虎贪生争胜负，些儿有慢丧三魂”。

这个故事说明，困难就好像老虎，你不能逃避它，甚至也不能犹豫，而是要勇敢地面对它。勇敢就像解决困难、决定成功与失败的双叉岭猎户。

重获自由的孙悟空打死了第三只老虎，更深刻地印证了勇敢与困难之间的哲理。在勇者无敌的孙悟空眼中，困难只不过是一张虎皮。

团队的力量

唐僧并不是一个贪生怕死的人。他甚至可以称得上英勇，因为他总是能够坚强地面对最坏的局面。但他的缺点之一就是果敢不足，这使得他常常在变故或困难面前缺乏信心，只能眼睁睁地任由最坏的局面出现。许多完美型性格的人也是这样，他们在面临风险时是极其谨慎的。他们总是希望做到万无一失，因此他们往往很难放手一搏。他们需要一个力量型的搭档。

观音菩萨早就为唐僧准备了一个力量型的搭档，那就是被压在“两界山”下的齐天大圣孙悟空。书中交代，“两界山”原名“五行山”，唐太宗时期，因为山地处在大唐国土边界，因此改名“两界山”。被“五行山”压了五百年的齐天大圣终于可以出来了，但必须接受一个领导，那就是完美型的唐僧。

自《西游记》成书以来，许多读者都在为孙悟空鸣不平，因为孙悟空是一个很有能力的人，为什么要让他在那个唠唠叨叨的唐僧手底下受尽窝囊气呢？现代管理科学认为，一个人的才智有高有低，而品德是才智的正负符号。当品德为负数时，才智越高，做坏事的能力也就越大。同样的，当品德为正数时，才智越高，做好事的能力也就越大。对于天不怕、地不怕的孙悟空而言，唐僧就是一个大大的正号。正因为有了这个正号，孙悟空才能修成正果，从一个妖猴修成斗战胜佛。

司马光说过："才者，德之资也；德者，才之帅也。"对于唐僧而言，孙悟空是一位必不可少的助手。孙悟空呢？虽然神通广大，他也需要唐僧这样一位志向高远的师父。况且孙悟空被困在两界山下，年深日久，心里面早已有了悔意。

观音菩萨从此路过，孙悟空便恳求菩萨为他指明一条出路。菩萨高兴地说："好啊！你既然有这样的心意，待我到东土大唐寻一个取经的人来，教他救你。你可跟他做个徒弟，和他一起跋涉千山万水，也算是一番修行，如何？"孙悟空连声答应，从此日夜期盼着这个取经人前来救他脱身。

唐僧说："既然你有心向善，菩萨也做了安排，我自然愿意帮助你重获自由。"于是，在猎户刘伯钦的帮助下，攀藤附葛，来到两界山的最高峰。只见山顶有一块四方大石，石上贴着一封皮，却是"唵嘛呢叭咪吽"六个金字。唐僧上前跪下，默默祷祝。然后，上前将六个金字轻轻揭下。孙悟空兴奋地连声叫道："师父，你请走开些，我好出来！"刘伯钦拉着唐僧，走出好远。只闻得山崩地裂的一声响，孙悟空一个筋斗翻滚过来，跪在了唐僧面前。

师徒相见，两个都欢喜得很。刘伯钦也为他们感到高兴，恭喜唐僧收了一个本领高强的徒弟。唐僧向刘伯钦再三道谢，两下依依惜别。

有了孙悟空这个本领高强的大徒弟，唐僧再也不怕什么老虎了。不久，便有一只猛虎咆哮剪尾而来。孙悟空大喝一声，那老虎动也不敢动，被他一金箍棒打得鲜血飞迸。当天夜里，唐僧就用虎皮为孙悟空缝制了一套衣服。孙悟空穿在身上，显得十分精干。唐僧收了徒弟，这样他就可以通过团队的力量，去解决一路上那些层出不穷的困难。而这些，全是观音菩萨的安排。

思考题

1. 结合《老马和驴子的故事》，谈一谈你对人生的理解。

2. 每个人都会遇到困难。说一说你的故事，你是怎么解决困难的？

第七课 >>>>
紧箍咒的管理学原理

拦路劫财的强盗

话说孙悟空跟随唐僧后，一路风尘仆仆，不觉朔风骤起，已经是初冬了。这一日，正在行走，路旁忽然呼哨一声，闯出六个贼人，各执长枪短剑，利刃强弓，大喝一声道："哪里来的和尚，赶紧留下马匹，放下行李，饶你们性命过去！"

六个贼人，一个叫作眼看喜，一个叫作耳听怒，一个叫作鼻嗅爱，一个叫作舌尝思，一个叫作身本忧，一个叫作意见欲。有没有觉得，他们的名字很怪异？六个贼人，原来是人类的六种感觉，其中眼睛对应的是视觉，耳朵对应的是听觉，鼻子对应的是嗅觉，舌头对应的是味觉，身体对应的是痛觉，意念对应的是幻觉。

佛教把这六种感觉叫作六贼。为什么叫作六贼呢？因为我们总是喜欢看到悦目的色彩、听到悦耳的声音、闻到芬芳的气味、吃到可口的食物。与之相反，我们会本能地厌恶那些难看的色彩和刺耳的声音。无论是多么真诚的话，只要刺耳，我们就会反感，就听不进去。“耳听怒”这个贼人，就是利用了耳朵的这个特点来欺骗我们的。

我们的身体总是习惯于感知痛苦，而不是快乐。我们的意念总是追逐梦幻，而不是真实的当下。这么一来，我们就很容易被豪华的住宅、高档的服装、可口的美味，以及名誉、社会地位和钱财等各种欲望迷惑。等到我们长大了，男孩可能会被女孩的美貌迷惑；女孩呢？也可能会被男孩的帅气迷惑。

迷惑意味着什么呢？意味着我们远离了真实的世界。按照佛教的说法，我们就生活在幻觉中；我们贪图这些幻觉，被一层又一层的幻觉包裹。当我们开始追求真理，就会遭到六贼的拦截和恐吓。我们会感到害怕，并因此被它们劫持。

女硕士的幸福

说起来是十五年前的一则旧闻。有一位年轻貌美的女硕士征婚，只要一个条件，身家必须过千万。我们可以听得出来，她的意思是说：“只要他有钱，哪怕他长得很丑，哪怕他是个流氓，我也愿意嫁给他。”一个中年男人赶来应征。一问年龄，女硕士二十四岁，青春貌美；中年男人四十四岁，与女硕士的母亲同岁。你们说，两个人结婚以后，中年男人怎么称呼他的岳母呢？

女硕士贪的是财，中年男人好的是色。我一点儿也不看好他们的婚姻，为什么呢？第一，中年男人知道女硕士贪图的是什么，不可能真心尊重她。第二，女硕士既然不看重对方的人品，那就不能指望对方是什么正人君子，在这种情势下必然会丧失自己应有的尊严。第三，无论财富、地位，还是年轻、美貌，都会因为时间而变化，这种婚姻本身就是一种风险投资，失败是迟早的事。第四，两个自私自利的男女不可能懂得什么是真爱，除了互相利用、互相猜忌，他们不可能有什么幸福的结局。

唐僧师徒遇到的六贼，第一个就是“眼看喜”。劫持女硕士和中年男人的贼人，也是“眼看喜”。女硕士看到中年男人的财富，中年男人看到女硕士的青春美貌，看得两个人都是满心欢喜。可是，女硕士看到的财富是真的吗？如果是真，可以真多久？还有，她真的可以通过婚姻去分享那些财富吗？那些财富真的能够给她带来幸福吗？可怜的女硕士，被“眼看喜”这个贼人从半道上拦劫了她的幸福。

然而，女硕士的婚姻却并非孤例。有一个女孩，找了一个能说会道又有地位的男人，没到三年就闹离婚，因为这个男人并非良人。另一个女孩，嫁了一个高干子弟，等到老爷子那棵大树一倒，小两口就过不下去了。有知情人评论说，当初有多少人羡慕这两个女孩呀，现在呢？全都成了笑话。

唐僧和孙悟空的第一次冲突

六个贼人拦路抢劫，其实就是各种杂念对唐僧师徒的考验。

前路如此漫长，没有漂亮的衣服，没有可口的食物，没有赏心悦目的文化生活，路途的艰苦是可想而知的。在这种情况下，各种情绪，纷纷攘攘地涌上心头，似乎也是自然而然的事。

若想克服取经路上的种种困难，首先就应该消灭这六个贼人，让自己专心致志于脚下的路。

只见六个贼人把孙悟空围在中央，舞枪弄剑地拥上前来。孙悟空就是孙悟空，力量型的典范，意志就是坚强。六个贼人一阵乱砍，砍在孙悟空的脑袋上，叮叮当当的，发出钢铁般的响声。吓得那些贼人说："好和尚，真是头硬！"

接着，孙悟空开始还手了。他掣出金箍棒，把六个贼人撵得四处奔散，一一打杀，毫不留情。

没想到，唐僧非常生气，责问孙悟空说："你纵有手段，让他们知难而退就是了，为什么非要赶尽杀绝呢?"孙悟空解释说："师父，我若不打死他们，他们就要打死你哩。"唐僧却不领他的情，责怪他恶习难改，说："想你当年大闹天宫是任性胡来，如今还是任性胡来。这样任性胡来是去不得西天，做不得和尚的。"

孙悟空的性子，是最受不得气的。唐僧絮絮叨叨地说了他几句，他就忍不住心头火起，说："你既然这样说，我做不得和尚，上不得西天，也索性不在你眼前惹你心烦，我回去就是了！"唐僧还不曾答话，孙悟空已经将身一纵，"呼"的一声，去得无影无踪。

这是唐僧和孙悟空的第一次冲突。许多人看《西游记》，看到这里看不懂。大家都认为，孙悟空打杀六贼，打得干净利落、大快人心，唐僧为什么要责怪他呢？

换了“马甲”的欲望

唐僧和孙悟空的本意，都是排除杂念的干扰，保持艰苦朴素的生活作风。但问题是，要怎么排除呢？

围困我们的“六贼”，是形形色色的欲望。打杀“六贼”的，则是换了“马甲”的欲望。在唐僧看来，利用欲望来打杀欲望，不仅残忍，而且荒谬。这就是他责怪孙悟空的原因。

孙悟空真的打杀六贼了吗？如果六贼已经被打杀，那他为什么依然受不得气呢？唐僧絮絮叨叨地说了他几句，他就忍不住心头火起，那不还是“耳听怒”吗？

人类的生活，充满了形形色色的欲望。可是，我们能够通过打杀欲望回归朴素吗？我的答案是：不可能。

一颗朴素的心，就是一颗纯洁和善良的心。唐僧没有看错，打杀自己的欲望是残忍的，是不善良的。真正的纯洁、善良和爱是什么呢？是接纳，是包容，是理解，是感化。

残忍意味着欲望，意味着我们在追求一种结果、一种获得。利用欲望来打杀欲望，反映的是我们内心的交战，这样就在我们自己的内心里面，制造出了无穷无尽的灾难和痛苦。快乐的人生，智慧的人生，既不是满足自己的欲望，也不是打杀自己的欲望，而是理解自己的欲望。

在这个故事里，孙悟空象征着我们的意志力。我们常常把意志力看作一种了不起的优点，并因此自负、固执和任性。我们并不知道，这种自负、固执和任性有多么愚蠢。

真正的修行，是从理解开始的。当我们开始理解自己的欲望，关于欲望的真相就会逐渐大白。与此同时，智慧也会出现。

佛祖的管理学

任性胡来的孙悟空说走就走了。唐僧一点办法也没有，只能一只手牵着马，一只手拄着锡杖，凄凄凉凉地独自一个人往西而去。好在观世音菩萨在前面等着他，为他准备了一套名为“八正道”的解决方案。

我把这套方案叫作“佛祖的管理学”，可以用来管理我们自己的人生。我说的管理学，首先是从管好自己开始的。管好了自己，我们就能够找到那个标准答案，然后才可能管理好一个家庭、一个团队。

“八正道”的第一正，就是“正见”。

大家可能都听过盲人摸象的故事。他们看不见大象的模样，就用手去抚摸。抚摸到象鼻的人，说道：“大象像什么？我知道，像根管子。”另一个盲人摸到象耳朵，反驳说：“不对，像个芭蕉扇。”第三个盲人摸到象的尾巴，急忙说道：“你们两个都不对，明明像绳子。”第四个盲人摸到象腿，也很不以为然地说:“你们都乱猜，大象就像一根柱子。圆圆的，高高的。”第五个盲人摸到象的肚子，嗤笑道:“你们说的都错了，大象就像一面鼓。”每一位盲人所了解的，其实都只是象的局部，但他们依然你一言，我一语，各有说辞，争论不休。

不要笑话那些盲人。在我们没有睁开慧眼以前，我们每个人其实都像盲人，都有各自的局限性。那么，对于盲人来说，究竟什么是正见呢?

诚实就是正见，诚实地面对我们的局限性。我们每个人都是狭隘的，都有各自的偏见。但若是我们能够诚实地面对，我们就会懂得谦虚，我们的局限性就会被打破，并因此变得更加开阔。

第二，“正思维”。什么是正确的思维? 放弃了自作聪明和自以为是之后的思维，就是正确的思维。在我的字典里，“自作聪明”就是“愚蠢”的同义词。我这辈子做过的每一件蠢事，都是用自作聪明的方式做下的。

只有在安静时，在自作聪明和自以为是消失的地方，我们才能找到正思维。所谓正思维，就是人们传说的智慧。

第三，“正语”，就是诚实的话语，既能坚持自己的诚恳和善良，同时也不让自己任性地伤害别人。不要把自己的任性当作正直，要多为别人着想。想得越多，就越周详，我们的决策和行为就会越妥当。

要坚持做到:

1. 不说谎话，这样不仅能够保持内心的坦荡，而且有利于建立一种互相信任的人际关系；

2. 不造谣生事，不挑拨离间，坚决杜绝阴险小人的行径；

3. 不用尖酸刻薄、粗鲁无礼的言辞，以免破坏人与人之间本有的和睦；

4. 不说招惹是非的闲话和不负责任的大话；

5. 没有必要讲话时，请保持沉默。

第四，“正业”，合乎道义和敢于担当的行为，包括我们的事业、职责、际遇和苦难。

每个人都有自己的正业。有一门叫作“职业生涯规划”的学问，就是为了帮助我们找到自己的正业。恰如每一棵树都有自己扎根的土壤，我们各自的正业，就是我们安身立命、养家活口的所在。

正业是需要我们去“务”的。说文解字说:“务，趣也。”意思是说，要为了你热爱的使命而奔忙。无论你遇到了什么，都要敢于面对、敢于担当，否则就是不务正业。

例如唐僧，他的使命就是到西天取经，那就是他的正业。我的使命是当一个作家，有两个正业：第一，我需要看懂这个世界；第二，要能够很好地讲述给你们听。把话说得漂亮，卖弄语言文字，巧言令色，那可不是作家的正业。

第五，“正命”，就是安于自己的命运。古代中国人把这个叫作“知天乐命”。无论多么贫穷，或者多么苦难，不逃离，不偏离，不抗拒，坦然地接纳。

第六，“正精进”。勇于担当，在命运中进取。

第七，“正念”，正确的心态，也就是安静的心态。

宋朝的善能法师有两句非常著名的禅语，说：“不可以一朝风月，昧却万古长空。不可以万古长空，不明一朝风月。”什么是“万古长空”呢？就是永恒的真理。什么是“一朝风月”呢？就是今朝的风月，与昨夜不一样的风月，变化多端的风月。

风月是我们的情绪在外界的投射。在很多时候，我们活在自己的情绪中。当我们高兴时，我们看到的就是美好的世界。当我们忧伤时，我们看到的就是晦暗的世界。我们总是被自己的情绪困扰，把情绪当作事实本身，这就叫“以一朝风月，昧却万古长空”。

但在另一些时候，我们的心里已经非常焦虑、非常忧伤，却还在责备自己说：“焦虑和忧伤是不对的。我们要有积极心态，要看到世界的美好。”长此以往，我们就可能会罹患心理疾病，把自己的焦虑和忧伤关闭在一个黑暗的角落里。所谓“以万古长空，不明一朝风月”，意味着我们已经远离了事实，活在虚假的概念化的知识里，直到有一天，那些被压抑的焦虑和忧伤像火药桶一样爆发。

永恒的“长空”和变化多端的“风月”，构成了不断变化的事实，演绎了情节曲折和丰富多彩的人生历程。只有一颗安静的心，才能够看到和理解这样鲜活的、不断变化的事实。

第八，“正定”，安静、中正、和谐、稳定的心境。真正的智慧，就来自这颗安静和中正的心。

孙悟空戴上了那顶嵌金花帽

观音菩萨把“佛祖的管理学”传授给了唐僧，然后又为他准备了一顶花帽和一篇紧箍咒。唐僧就坐在路边，一边暗暗地记诵，一边等候孙悟空回来。

孙悟空到哪里去了呢？原来他一个筋斗云去了东海龙宫，跟老龙王聊天去了。那孙悟空气忿忿的，把他打杀六贼的经过，以及与唐僧之间的口角，一一说给老龙王听。说着说着，忽然注意到自己的浮躁，心里就起了悔意，又一个筋斗云回到了唐僧身边。这一个筋斗云去，一个筋斗云回，其实不过是转念之间的事。

师徒俩言归于好。接着，孙悟空看到了那顶嵌金花帽，高兴地把它戴在头上。唐僧看得满心欢喜，赶紧就默念那篇紧箍咒。孙悟空的脑袋，顿时就像炸裂似的疼痛起来，痛得打滚，把花帽都撕破了。可是，嵌在上面的金箍儿呢？却再也扯不下来了，已经在他的脑袋上生下了根。只要唐僧一念咒，孙悟空就会痛得打滚，再也不敢胡来。见此，唐僧就乐了，噢，原来这就是管理呀，真是见效！

紧箍咒的管理学原理

这是一个非常有意思的游戏。你们要问：孙悟空把金箍儿戴在头上，为什么就扯不下来了呢？唐僧一念紧箍咒，孙悟空为什么就头痛呢？这就要回头说说佛祖的“八正道”。

什么是“八正道”？“八正道”就是佛教对真理的另一种表达。真理在哪儿？在我们自己的心灵里面。我们每个人，其实都有自己的良知。除非是利欲熏心和自私自利的人，我们其实知道什么是对、什么是错。

金箍儿是什么？是我们自己的审美。或者说，是我们对自己的要求。是我们自己把它戴在了自己的头上，感觉还很美，认为人的一生就应该这么活。可是呢，我们又常常像孙悟空那样忘乎所以、任性胡来。这个时候，就需要有人来念念紧箍咒。

例如，小明的妈妈是这样念紧箍咒的：“小明，你是一个好孩子，可不能这样任性欺负小朋友啊！”看到没有，这个“好孩子”的符号就是金箍儿。妈妈一念紧箍咒，金箍儿就收紧，就让小明头疼。小明就只好认错、悔改，回到“八正道”上面来。

说起来，这也是管理学的窍门。在一个家庭或者团队里面，首先要通过共识，建立起正确的行为规范，让每个成员知道什么是对、什么是错。这样，每个人都会戴上一只金箍儿。接下来，你就只管念咒就是了。金箍儿就是规范化和制度化管理，念咒就是执行制度。

从此以后，孙悟空便死心塌地地跟着唐僧，一路向西而去。他一路披荆斩棘，降妖除魔，在团队协作中，充分发挥了自己的能力优势，最终成了一名非常优秀的团队成员。

思考题

1. 阅读下面的话，选择一个与之意义接近的成语：

   无论是多么真诚的话，只要刺耳，我们就会反感，就听不进去。“耳听怒”这个贼人，就是利用了这个特点来欺骗我们的。

   掩耳盗铃（　　）　遮人耳目（　　）　忠言逆耳（　　）

2. 想一想，你这辈子的正业是什么？

3. 孙悟空又能打，又能斗，就怕唐僧念紧箍咒。想想看，在家里，在学校，是谁在对你念“紧箍咒”？那个对你大念“紧箍咒”的人，究竟是为了什么？

第八课 >>>>

有一个名叫嫉妒的熊罴精

遇见一位老方丈

唐僧自从收孙悟空做了徒弟，一路上的风景便大有变化。孙悟空披荆斩棘、所向披靡的硬派作风，使得坎坷变坦途，连马蹄也嘚嘚地跑得欢快。眼看着夕阳已经近山，两人便投宿在一座观音禅院。禅院的老方丈亲自接待着，请师徒二人饮茶。

老方丈说："上茶！"一位弟子就端上茶具来，羊脂玉的茶盘，法蓝镶金的茶盅。又有一位弟子，提着一把白铜的茶壶过来斟茶。只见那茶汤红如榴蕊、香似桂花，应该是上等的茶叶。唐僧见了，赞叹："好东西啊，好东西，真可谓是美食美器！"

老方丈听了，心里欢喜，却又客气地说："哪里，哪里。你们从东土大唐来，什么宝贝没有见过？像这样的东西，还值得夸奖吗？假若你们手头上带着什么宝贝，也要给我看看，让我开开眼哦！"

唐僧是个完美型的人，说话很谨慎："不好意思，我们哪里有什么宝贝？就是有，这路程遥远，也不好携带。"

力量型的孙悟空却没往深处想，插嘴就说："师父，我在包袱里看见的那件袈裟，不就是宝贝吗？拿出来给他看看，如何?"

众位僧人听说袈裟，一个个冷笑起来。孙悟空问："你们笑什么?" 僧人们回答说："袈裟算什么稀罕宝贝呢？像我们每个人都有二三十件。若论我们的方丈，做了一生的和尚，还少得了袈裟吗?"孙悟空叫道："那就拿出来看看吧！"那些僧人也是有心炫耀，就抬出十几个柜子，将袈裟一件件抖开挂起，请唐僧师徒观看。果然是满堂绮绣，四壁绫罗，一看就是用料、做工都很考究的高档物品。

孙悟空观看了一遍，哈哈笑道："好，好，都收起来吧！那也让你们看看我们的宝贝！"唐僧吓了一跳，把孙悟空拉过来提醒他说："徒弟啊，这样不好。老话说，珍贵的东西，不能让贪婪和狡诈的人看见。你我何必跟他争强斗胜，给自己招惹麻烦呢?"原来，完美型的唐僧心思缜密，早已有所警觉。

老方丈见财起意

唐僧的谨慎是对的。你们想啊，那老方丈当了一辈子和尚，生活却并不朴实，使用那么高档的茶具，张嘴闭嘴都是宝贝。

这样贪财爱物，人品怎么靠得住呢？

可是，力量型的孙悟空就是喜欢争强斗胜，不以为然地说："看看袈裟，会惹什么麻烦呢？"一边说，一边解开包袱，把如来佛托观音菩萨送给唐僧的那件锦襕袈裟，向着空中就是那么一抖，顿时红光满室，彩气盈庭。众位僧人见了，无不交口称赞，果然是一件宝贝！孙悟空呢，也自以为争了一个胜负，满脸的扬扬得意。

那老方丈果然见财起意，向唐僧请求说："可怜我做了一辈子和尚，不曾见到这样的宝贝。请让我拿到后房，细细地看上一夜，明日再来归还，如何？"唐僧吃了一惊，埋怨孙悟空说："都是你！都是你！"孙悟空哈哈一笑，回答说："怕他骗你不成？"也不等唐僧同意与否，就擅自做主，把袈裟递给了老方丈。

谁知老方丈把锦襕袈裟骗到手中，却再也不愿归还。为什么呢？他心生嫉妒。都是和尚，凭什么唐僧有这样的宝贝，而我老方丈没有呢？于是，老方丈与寺里的一帮小和尚连夜商量，想要一把火烧死唐僧师徒，把锦襕袈裟贪为己有。

孙悟空快意恩仇

睡到半夜，孙悟空忽然惊醒，就摇身变作一个蜜蜂儿，从瓦缝里飞了出去。只见那一群僧人正在搬运柴草，围住客房准备放火！孙悟空在心里暗笑说："别看我那个师父唠唠叨叨的，说得还真准。这帮家伙果然不是善类。”想了想，一个筋斗云翻飞到南天门，找广目天王借来“辟火罩”，把唐僧和马匹、行李罩得好好的。

过了一会儿，僧人们果然放起火来。孙悟空也是故意使坏，非但不去救火，反而吹起一阵怪风，撩得火焰大起，把一座观音禅院烧得处处通红。僧人们控制不住火势，慌得满院里搬箱抬笼，抢桌端锅，叫苦连天。孙悟空跳在空中，远远地看着，心里面充满了快意恩仇的爽气。

等到天亮，唐僧从客房开门出来，这才发觉有些异样。原来那么金碧辉煌的楼台殿宇，一夜之间变成了败壁残墙。“发生什么事?”他叫来孙悟空，吃惊地问道。孙悟空自以为做得漂亮，扬扬得意地把昨夜的经过一一讲来。岂知唐僧不听则已，一听就责怪起孙悟空了。

有人可能会问，孙悟空快意恩仇，做错了什么？这第一错，就是喜欢争强斗胜，让老方丈见财起意。第二错，亲眼看见僧人们放火，却不肯出手相救。第三错，非但不救火，反而趁机使坏，把一座金碧辉煌的观音禅院烧成了灰土。可见唐僧能明辨是非。

嫉妒像熊罴精

话说老方丈动心起念，要谋害唐僧师徒的性命，却没想到反被一把大火烧毁了观音禅院，懊恼得捶胸顿足、呼天喊地。

等到唐僧师徒早上前来讨要袈裟，四下里又寻不见。老方丈万般无奈，一头撞在墙上，撞得头破血流，一命呜呼。

原来，因为锦襕袈裟引发的大火惊动了附近大山里的熊罴精，他便来了一个趁火打劫，劫走了袈裟。佛教认为，人若有嫉妒之念，必然陷身于畜生道，变为熊罴。老方丈虽死，可嫉妒依然存活在人间。

在历史上，在文学作品中多有体现，嫉妒与人性如影随形，《三国演义》中的周瑜在嫉妒，《红楼梦》中的林黛玉在嫉妒，你在嫉妒别人，别人在嫉妒你。嫉妒会使人苦恼、失态、疯狂、自残，也会使人变得凄楚而又决绝。嫉妒是一把双刃剑，首先伤害的是自己，然后又容易驱使自己去害人。

嫉妒就好像妖精一样，深藏在我们自己的人性中。我们谁也无法坦然宣称自己从不嫉妒别人。它又像《西游记》中描写的这个熊罴精，不知道隐藏在我们身体内部的哪个洞里，隐晦曲折——只是为了心头那一点点嫉妒，人们竟然要动那么多脑筋。

这个名叫嫉妒的熊罴精究竟藏在何处呢？孙悟空经过侦察，发现他就住在黑风山黑风洞。原来嫉妒一向见不得光，总是在暗处躲躲藏藏的，可不是住在黑风洞嘛！

嫉妒和它的朋友们

孙悟空跳到空中，把腰儿扭了一扭，来到黑风山上。他住了云头，仔细一看，只见满山苍翠、松风流香，这黑风山的风光还挺美。这就是嫉妒的特点，在明媚的山光里，却暗藏着幽深的洞穴。

忽然听得芳草坡前有人言语，孙悟空就轻手轻脚地闪到那石崖之下偷看。只见三个妖魔，席地而坐，在那里高谈阔论。上首的是一条黑汉，就是那个名叫熊罴精，象征着嫉妒。左首是一个道人，却是一只成了精的苍狼，象征着残忍。右首是一个白衣秀士，也是一条成了精的白花蛇，象征着怨谤。这就是说，嫉妒、残忍与怨谤是一群气味相投的朋友。我们因此就不难理解，为什么一个嫉妒的人会那样怨天尤人，那样憎恨老天不公，甚至是那样残忍，那样喜欢恶意中伤、造谣生事！

三个家伙坐在一起，会谈论一些什么话题呢？若是你听见了，也可能大吃一惊，原来他们也在谈说人生的成功之道！可是，这三个家伙会谈出什么道理来呢？自然是如何自私自利、损人利己的旁门歪道。谈着说着，熊罴精就说到，昨夜得到一件锦襕袈裟，打算明天大开筵宴，号称“佛衣会”，邀请各位好友一起庆贺。

孙悟空听到这里，忍不住怒气，跳出石崖，舞起金箍棒，打将过来。慌得那熊罴精化风而逃，那个叫残忍的道人也驾云而走，只有那个叫怨谤的白衣秀士来不及躲闪，被孙悟空一棒打死。这就是说，恶意中伤的谣言和诽谤，通常都经不起一打，一棒子就现出了原形。

三打熊罴精

孙悟空没有想到的是，消灭谣言容易，消灭嫉妒心却难。他赶到黑风洞，大咤一声道:“快快把我的袈裟还来，饶你性命！若敢从牙缝里迸出半个不字，我就推倒了黑风山，踏平了黑风洞，把你这一洞妖邪，都碾为齑粉！”这是力量型性格的人惯用的手段——以威慑人。

通常情况下，他的威慑兵法的确能够吓退一些胆小怕事的人，可是现在，那熊罴精却也毫不退缩，呵呵冷笑道:“你是谁呀？有多大本事，敢在这里夸下这等海口？”孙悟空也呵呵冷笑道:“你问我有多大本事？说出来怕吓着你。你给我站稳了——”然后，他也不嫌麻烦，将他从前大闹天宫的历史自吹自擂了一遍。谁知，熊罴精听完了，却不以为然地撇撇嘴，说:“喔，原来你就是那个弼马温呀！”

孙悟空向来以齐天大圣自负，而深以弼马温为耻，怒骂道:“你这妖怪！偷了袈裟不还，还敢出言损我！”掣起千钧金箍棒，兜头就打。那熊罴精侧身躲过，绰着长枪，劈手来迎。双方斗了十数回合，竟然不分胜负。看看已到午餐时间，熊罴精举枪架住金箍棒，相约吃过饭之后再战。

等到下午他们两个又从洞口打上山头，从山头来到云外，吐雾喷风，飞沙走石，只斗到红日西沉，又是一次不分胜败。

孙悟空无可奈何，回到观音院想了半夜。天色一亮，他就一骨碌跳将起来，嘱咐那群僧人好生侍奉他的师父，他又一个筋斗去了南海。观音菩萨问："你跑来这里干什么？"孙悟空说："我和师父路遇你的禅院，你受了人间香火，却容许一个黑熊精做邻居，就是他偷了我师父的袈裟，我屡次向他讨要不着，只好前来找你。"

观音菩萨说："你这猴子是怎么说话的？既是熊罴精偷了你们的袈裟，你怎么来问我讨要？再者说了，如果不是你与小人争强斗胜，怎么会惹出这么多的风波？还有，你既然知道是供奉我的禅院，为什么故意添风助火，烧得一片断瓦残墙？你自己胆大包天、不思反省，却胆敢到我这里来放刁！"

孙悟空自觉理亏，慌忙向菩萨磕头认错，哀求道："菩萨说得很对，都是我惹的祸。可是，如果我不把袈裟取回的话，师父就会不停地念那个紧箍咒。望菩萨大发慈悲，帮我去拿下那个妖精。"

菩萨便驾了祥云，与孙悟空一同来到黑风山。正行处，竟意外地撞见了那个叫残忍的苍狼精。孙悟空掣出棒来，照头就是一下，打得他脑袋开花、口鼻喷血。接着，菩萨又飞起一个金箍儿，套住了那熊罴精，念起咒语，疼得他丢枪弃甲，满地乱滚。孙悟空笑道："我原以为只有我老孙命苦，如今也让你尝尝紧箍咒的厉害！"

等到孙悟空再要打他时，菩萨就不允许了。孙悟空说："这样怪物，不打死他，留他何用？"菩萨说："我那珞珈山后，无人看管，我要带他去做个守山大神。"原来，菩萨的意思，所谓嫉妒不过是一念之差，她有心要让熊罴精皈依正道。

所以，在这人世间可以消灭谣言，也可以消灭残忍，却不能消灭嫉妒。要是有一天，嫉妒忍不住又从珞珈山跑了出来，你只能祈望观音菩萨多念几遍紧箍咒。

思考题

嫉妒就好像妖精一样，深藏在我们自己的人性中。我们谁也无法坦然宣称自己从不嫉妒别人。请回答：

1. 你嫉妒过别人吗？请详细讲述事情发生的前后经过。

2. 别人嫉妒过你吗？你是怎么做的？以后再发生类似的事情，你应该怎么做？

第九课 >>>>
告别猪一样的俗世生活

帅哥变猪

熊罴精跟着观音菩萨去了珞珈山，锦襕袈裟也完好无损地回来了，大家这才算松了一口气。次日一早，师徒俩洗刷了马匹，收拾好行李，继续上路。一路上都是桃花、杏花和飞舞的蝴蝶，师徒俩在明媚的春光里穿行，不久便到了高老庄。

提起高老庄，读者们就会联想起猪八戒。这家伙曾经在天庭担任过“天蓬元帅”，称得上是一位仪表堂堂的帅哥。有一天，他应邀参加王母娘娘的蟠桃宴，竟敢借酒装疯，调戏了月宫里的嫦娥。王母娘娘大发雷霆，重责了他两千大锤，贬下人间投胎。谁知他一不小心投在了一个母猪的胎内，诞生为一个猪头猪脸的怪物。

猪八戒是一个非常世俗和富有喜剧色彩的角色，他最典型的特点： 第一好吃；第二好色，喜欢美女；第三贪财。除此之外，还有一大享乐便是睡觉。无论是怎样紧急的情况，他都能挤出时间睡觉，而且不择床，石缝间、草窝里、树杈上，他都能鼾声如雷。若是从性别这个角度看，猪八戒这个形象，高度浓缩了男性诸多的世俗弱点。看看你们，我一说到猪八戒，你们就笑。男生们注意啊，长大了可别这样！

这个猪八戒，在高老庄的运气并不是很好。他的老丈人高太公派人到处寻访法师，要把他当作妖怪捉拿起来。

前后不一

无巧不成书，高太公派出的家人来到路口，恰巧遇上了日暮投宿的唐僧师徒。孙悟空说："我便擅长捉拿妖怪。只要你家主人好生接待我们，我便替他捉了那个妖怪。"

高太公听了禀报，急忙出来把唐僧师徒迎进客厅。孙悟空笑问道："请问府上有多少妖怪？"高太公叫道："天那，还能够有多少妖怪？就这么一个妖怪女婿，就已经被他折磨坏了！"孙悟空说："你且把那妖怪的来龙去脉从头说起，让我好好想想，怎么替你捉拿他。"

高太公就说："老汉膝下没有儿子，只有三个女儿。大女儿香兰和二女儿玉兰，从小许配给了本庄人家。然后就打算为三女儿翠兰招个女婿，一来添个支撑门户的男丁，二来也指望他与女儿侍奉在左右养个老。三年前来了一个汉子，虽然长得黑，模样儿倒也英俊，做活倒也勤勉，谁想他日后竟会变了嘴脸。"

孙悟空问："他变了一副怎样的嘴脸？"高太公说："初来时黑黑胖胖，后来就变成了一个长嘴大耳朵的头脸，硬是像个猪。饭量也大，一顿要吃三五斗米饭，就是早点也得百十个烧饼才够。"唐僧说："他吃得多，必然做得多，倒也不必细省那一点口粮。"高太公说："吃还是小事。他如今又会乘风驾雾、飞沙走石，吓得我全家上下和左邻右舍都不得安生。还把我那可怜的小女儿翠兰关在后宅，一连半年也见不着面，不知道死活如何。"

事实上，有些男人在婚前婚后的变化，也和高太公的这个女婿一样。在恋爱和新婚期间，为了讨好女人，往往会表现出不知疲倦的热情和主动性，做出极大的努力去满足和迎合对方。然而，当新婚的激情随着岁月风流云散，男人就会无所顾忌，真实自我也会逐渐表露，原有的缺点和弱点都会毫无掩饰地暴露出来。就宛如高太公眼里的这个女婿，初来时黑黑胖胖，模样儿倒也英俊，做活倒也勤勉，谁想他日后竟会变了嘴脸。

孙悟空说："好啦，好啦，今夜我就替你拿住这个妖怪女婿，教他写个退亲文书，还你女儿，如何？"高太公高兴地说："如果真的拿住了他，要他写什么文书？就麻烦你索性替我灭了这个妖怪吧！"

妖怪的女人

高太公引着孙悟空来到后宅门口。孙悟空举起金箍棒一捣，撬开门锁，里面却黑洞洞的。孙悟空说："老高，你去叫你女儿一声，看她可在里面。"高太公开始呼唤他的女儿，女儿在黑暗里有气无力地应了一声说："爹爹，我在这里哩！"孙悟空睁着一双火眼金睛，看见一个女子蓬头垢面、憔悴不堪地躺在角落里。高太公寻声过去，那女子便一把拉住他，抱头大哭。

孙悟空问道："先别哭！先别哭！我问你，妖怪往哪里去了？"翠兰说："我也不知道他往哪里去了。这些时，他总是白日出去，黑夜才回，每天搞得云里雾里，不知在干些什么。"

孙悟空说："老高，你带着令爱往前宅去，让老孙在此等你那个妖怪女婿。他若不来，你却莫怪；他若来了，我一定为你剪草除根。"高太公便欢欢喜喜地把女儿带回前宅。孙悟空却摇身变成女子的模样，坐在房里等那妖怪。天色很快就黑了，不多时，一阵风刮来，飞沙走石的，好不吓人。

只见半空里来了一个妖怪，果然生得猪头猪脸、丑陋不堪。孙悟空见他进了门，便睡在床上呻吟着装病。那妖怪也不知道心疼人，连一句问候也不说，扑过来一把搂住孙悟空就要亲嘴。孙悟空一闪身，顺势一推，就把那个妖怪噗的一声推下床来。

那妖怪爬起来，扶着床边哼哼唧唧地说："姐姐，你是不是怪我今天回来晚了，一回来就摔我一跤？"孙悟空说："你这人没心肝，我心里难受着呢，你一回来就搂着我亲什么嘴？"那妖怪不以为然地说："你难受什么？我虽然是个上门女婿，吃了你家一些茶饭，可我也曾替你家耕田耙地、种麦插秧、创家立业。隔三岔五的，我还会采几朵花、摘一些水果回来哄你，你还难受什么?”孙悟空说:“我又不是一只小猫小狗，你高兴起来就哄我，不高兴就把我扔在屋里不闻不问。我是个人哩，可你一直把我关在屋里不见天日。”那妖怪赔着一脸憨笑说:“我那还不是太在乎你，怕你跑了吗?”

孙悟空暗自琢磨，心想:“这呆子虽然做事鲁莽，心地倒不是太坏。”又故意拿话来激他:“听说，我爹爹要请五百年前大闹天宫的齐天大圣，前来捉拿你哩。”那妖怪听了，就有三分害怕，说:“啊，那个弼马温，大闹过天宫，还是有些本事的，我得赶快走人。”说罢，套上衣服，开了门，往外就走。孙悟空拉住他，一抹脸，现出原身，喝道:“好妖怪，哪里走?你抬头看看我是哪个?”

那妖怪转眼看见孙悟空，慌得“呲”的一声，挣破了衣服，化作一阵狂风脱身而去。孙悟空身手也快，把身一纵，箭也似的追了上去。

做了唐僧的二徒弟

孙悟空紧跟着妖怪，来到一座高山。只见那妖怪急忙撞入一处洞穴，取出一把九齿钉钯，回头来战。孙悟空用金箍棒支住他的钉钯，笑道:“你手中拿的，可是你在高老庄挖地种菜的钉钯?怎么又能够当作兵器呢?”

那妖怪说:“你别小瞧了这钉钯，只怕一钯挖在你身上九个窟窿，立马让你一命呜呼!”孙悟空就收了金箍棒，说:“呆子，老孙今儿个把头伸在这里，你就用那钉钯挖一下，看你有没这个本事要我的命。”那妖怪真的举起钉钯，使足了气力，扑地一下挖了过来。只听见“咣铛”一声，电光石火地一闪，震得那妖怪手脚发麻，连声称赞：“好头！好头！”孙悟空得意地吹嘘道：“想当初连玉皇大帝刀砍剑刺、火烧雷打也不曾撼动我半根毫毛。你这几钉钯，只能算给我挠痒痒。”

那妖怪这才想起来，问道：“我记得你大闹天宫时，住在花果山水帘洞里，今天怎么到了这里？难道真是我丈人到花果山请你来的？”孙悟空说：“你丈人不曾去花果山请我。是我跟随唐僧往西天拜佛求经，路过高老庄借宿，你丈人要我救他女儿，捉拿你这个夯货！”

那妖怪听他说到取经，急忙丢了钉钯，问道：“你说的那个取经人在哪里？”孙悟空问：“难道你想见他？”妖怪说：“我本是天上的天蓬元帅，只因醉酒戏弄了嫦娥，被玉皇大帝贬下凡间。是观音菩萨安排我在这里等候取经人往西天拜佛求经，将功折罪，还得正果。”孙悟空笑道：“你也去西天拜佛求经？这一路山长水远的，你舍得那个关在屋子里的媳妇？”妖怪怔了一怔，果然露出一副舍不得的模样。

于是，那妖怪就跟着孙悟空回到高老庄。一见唐僧，双膝就跪下了，一边叩头一边高叫道：“早知道师父住在我丈人家，我就来拜接了，省得费出这些周折不是？”唐僧听说是观音菩萨的安排，就收那妖怪做了二徒弟，给他取名猪八戒。

高太公见他改邪归正，又要离家远走，从此少了一个祸害，自然十分高兴，不仅为他们准备了许多金银财帛（唐僧谢绝了这些馈赠，只要了一些干粮），而且为这个曾经恨之入骨的女婿准备了一套新衣服和一双新鞋。

猪八戒姓名的由来

猪八戒的名字是有来历的。所谓“八戒”，说的是佛教徒必须遵守的八条戒律。第一戒，不准杀生。第二戒，不准偷盗。第三戒，不准任性放荡。第四戒，不准胡说谎话。第五戒，不准饮酒。第六戒，不准穿戴各种华丽的首饰，也不准使用各种香油和化妆品。第七戒，不准纵情歌舞。第八戒，不准享用各种奢华的床上用品。“八戒”之外，还有“一斋”，即按时食用斋饭。合起来就是“八戒一斋”。之所以有这样的戒律，是为了保持善良、朴素、诚实和有规律的生活。

对于修行者来说，极尽奢华的物质追求，不仅会增加他的生活成本，同时也意味着他在掩盖内心的危机。例如，杀生意味着不善良，偷盗意味着贪图财物，任性放荡意味着不忠诚，说谎意味着不负责任。还有饮酒和纵情歌舞，会扰乱修行者应有的清净。还有各种首饰、香油、化妆品，意味着修饰和虚假。与之相反，简单朴素的生活虽然看似贫穷，却意味着我们与生活本有的真实之美同在。无数事例证明，奢华的生活就是虚假的生活；奢华掩盖了危机，并最终造成了人的堕落。只有那些内心清廉的人，才能够与智慧同在，并最终成就他的一生。

现在，猪八戒既名为八戒，就意味着他要告别猪一样的世俗生活，开始思考幸福人生的奥秘。于是，他便毅然离开了高老庄，跟着唐僧和孙悟空，踏上了西天取经的漫漫旅程。只是，在每一次令人绝望的困境中，在每一次偷懒的闲暇中，他也常常回想起那个并不爱他而他却深爱着的媳妇。

可是，爱究竟是什么呢？贪财好色的猪八戒，真的是在爱着他的媳妇吗？直到取得真经以后，他才可能知道真爱的答案。

思考题

1. 在你的生活中，有跟猪八戒相像的人吗？他们有哪些性格特点？

2. 贪财好色的猪八戒，真的是在爱着他的媳妇吗？说一说你对爱的理解。

第十课 >>>>

灵吉菩萨和他的飞龙杖

半山中的一阵妖风

唐僧师徒已经进入了八百里黄风岭山区。唐僧在半山腰的悬崖边上立马站定，欣赏高山险峻的壮丽风光。虽然还没有到达山顶，但那种“山登绝顶我为峰”的境界已然可以想见。

忽然一阵旋风刮来。唐僧心中的英雄豪情，顿时化作了惊慌不安。孙悟空说：“起风是一种自然现象，你怕什么呢？”唐僧说：“这阵风好不凶恶，足以让赶路的行人惊恐万状、让挑着柴火的樵夫寸步难行哪！”孙悟空让过风头，一把抓住风尾闻了闻，说：“没错。闻闻这风的腥臭味儿，必然有猛虎或者妖怪出没。”

话犹未尽，就从路旁跳出一只斑斓猛虎，吓得唐僧一跟头从马上滚落下来。猪八戒急忙扔下行李，掣起钉钯劈头就打。只见那只猛虎直挺挺站了起来，伸出爪子往前胸一抓，竟然把自己身上的虎皮剥了下来，浑身血津津地高声叫道："我是黄风大王麾下的先锋，在此山中巡逻，要拿几个凡夫俗子回去给大王做下酒菜。你们是哪里来的和尚？敢从此山经过，这不是送肉上砧板吗？"

猪八戒骂道："你这个孽畜，我们不是什么凡夫俗子，而是上西天取经的使者。你赶快让开大路，别吓坏了我师父，否则小心我手中的钉钯！"那妖怪也是不容分说，伸着一只虎爪向着猪八戒劈脸抓来。猪八戒把身体一闪，抡起钉钯就打。孙悟空也不甘落后，掣起金箍棒来助阵。那妖怪抵挡不住，只得落荒而逃。

兄弟俩奋起直追，要把那妖怪赶尽杀绝。谁知那位妖怪竟将自己的虎皮盖在石头上，使了一个金蝉脱壳之计，逃得无影无踪；然后又悄悄地回过头去，把坐在路旁念经的唐僧摄入了黄风洞中。

占山为王的老鼠

话说黄风洞中的这位黄风大王，原本是灵山脚下的一个黄毛貂鼠，因为偷吃了琉璃盏内的清油，害怕佛祖怪罪，所以逃到此处，占山为王。我们已经知道，灵山比喻我们的心灵，这只占山为王的老鼠，比喻的是我们经常会有的妄念。在这里，指的是唐僧心中的妄念。

唐僧为什么会有妄念呢？前面乌巢禅师不是给唐僧传授了

一篇《心经》吗，唐僧默默记诵在心，常念常存。谁知，不念经好像还好，一念经就发现各种妄想杂念都起来了。

事实上，这些妄想杂念并不是念经念出来的，而是他心里头原来就有，却一直没被发现。现在呢，因为想收心，这才发现心里乱得厉害。

佛教中有一则《灵猫捕鼠》的寓言。把正念比做猫，把妄念比作老鼠。老鼠一露头，立即就被发现了，这就是猫的警觉性。许多佛教徒在打坐时，在内心都有过猫鼠大战的体验。但是不是每一只老鼠都怕猫呢？却也未必。

灵猫捕鼠的故事

有一个故事说，在一个普普通通的村子里，有一座普普通通的房屋。在那座房屋的破洞里，住着一只名叫阿黄的老鼠。当阿黄还是一只小老鼠时，鼠妈妈就告诉它，命中注定，鼠类终有一天会丧生于猫爪之下。

阿黄可不甘心重复鼠类的悲惨命运。它想啊想啊，直到某一天，它想出了一个主意。它决定执行这个主意，即使丢掉性命也在所不惜。于是，阿黄鼓足全部勇气，出现在猫的面前。尽管它很害怕，害怕得要命，但它还是拼尽全力，发足狂奔，向着猫直冲过去！“吱吱——”它尖叫着，张牙舞爪。

猫简直不敢相信自己的眼睛和耳朵。这只老鼠发疯了吗？难道它不知道猫的利爪会终结老鼠的性命吗？它怎么会这样疯狂而又怪异呢？这只老鼠一定是发疯了，或者是感染了某种疾病！猫惊慌失措，赶紧逃命，一下子窜上主人的裤腿，钻进他的怀里，把主人也弄得大惊失色。

同样的情形，日复一日、周复一周地重复着。猫被老鼠追赶得精疲力竭，终于垮掉了。从此之后，阿黄便率领鼠类在屋子里耀武扬威，横行霸道。倒是那只猫，一听见老鼠的动静就立即消失得无影无踪。

消息传遍了整个村子，所有的猫都深以为耻。为了找回猫族的荣誉，它们聚集在一起，商量着如何把这只疯狂而又罪恶滔天的老鼠教训一顿。于是，一只接着一只，英勇的猫们前赴后继地进入那间鼠患横行的破屋，却都因为可耻的失败而退缩了回来。形势看上去异常严重，直到有一天，有人忽然想起，在村子的另一头，住着一只名叫灵吉的老猫，也许它能够解决问题。

当灵吉走进屋子时，所有的猫们都感到失望。它们期待的救星，应该是一位体魄健壮、年轻潇洒、无所畏惧、无所不能的英雄。可是这位灵吉，长得却是那样矮小、老迈而又衰弱。它的皮毛是那样粗糙，一点光泽也没有，上面还有几块令人恶心的伤疤。它若无其事地站在那里，似乎完全没有意识到肩负的巨大责任。

老鼠们也没有把灵吉放在眼里，它们放肆地大笑着，明目张胆地在屋子里蹿上跳下。尤其是那只名叫阿黄的老鼠，它熟练地翘起鼻子，摆动舌头，像从前一样故技重演。可是，灵吉好像对这一切视若无睹，它不慌不忙地、慢慢地向前迈动着脚步，爪子无声地踏在地板上……突然之间，所有的喧闹和笑声都停了下来，屋子里一片寂静，静得吓人。

阿黄还在继续着它那古怪的动作，可灵吉正在一步一步地逼近它。阿黄有些慌了，它的动作越来越夸张，越来越恐怖。可是，它的对手根本不加理睬，它的所有表演都是徒劳的。它忽然意识到情况不妙，可是已经来不及了，它发现自己已经被逼在角落里了。那只名叫灵吉的老猫是那样柔和而又不容抗拒地把它踩在脚下，有力的猫爪让它动弹不得。它浑身僵直了起来，一声不情愿的尖叫从它细小的喉咙中挤了出来……

故事中鼠患横行的破屋，其实就是黄风大王的黄风洞。故事中的那只名叫阿黄的老鼠，其实就是唐僧面前的黄风大王。

不可一世的阿黄，最终没能逃脱灵吉的猫爪。不可一世的黄风大王，又将遭遇怎样的命运呢？

战胜困难容易，战胜妄念却难

老鼠象征着我们的妄念，而这只老鼠竟然能够使唤老虎做它的先锋官，掳走大名鼎鼎的唐僧，你说这事儿稀奇不稀奇？

话说孙悟空回头不见了师父，只好吩咐猪八戒照看马匹和行李，他自己一个人漫山遍野地寻找。找来找去，找到了黄风洞，就在洞外高声叫道："妖怪！赶快送我师父出来，省得我掀翻了你的巢穴，踏平了你的住处！"那虎先锋手持两口赤钢刀，跳出门来，冲着孙悟空恶狠狠地叫道："你师父是我拿了，准备拿来做顿下酒菜的。你若识时务，就赶快回去！不然，同样把你拿住，一块儿煮着吃了你！"

孙悟空闻言大怒，一口钢牙咬得咯嘣嘣地直响，恨声喝道："你有多大手段，敢说这等大话！休走！看棒！"虎先锋急忙持刀按住，双方厮杀成一团。不过三五回合，那虎先锋便落荒而逃，谁知慌不择路，一头撞上了在山坳里放马的猪八戒，被猪八戒一钯筑出九个窟窿，一命呜呼。

打杀了虎先锋以后，孙悟空吩咐猪八戒继续放马，他自己拖着那只死老虎，又来到黄风洞骂战。那个传说中的黄风大王，终于从洞里面蹦跳了出来，厉声高叫道："哪个是孙悟空？"

孙悟空昂首回答说："你孙外公在此，送出我师父来！"那老妖闻声看见身体瘦小的孙悟空，不由得嗤笑道："可怜你一个小鬼，有什么本事在我门前大呼小叫？"孙悟空举起金箍棒，也冷笑道："你这个老妖，只怕你挨不起我这一棒！"

那老妖哪容分说，捻着一柄钢叉，望着孙悟空当胸就刺。叉来棒架，棒去叉迎，在那黄风洞外，杀得好不凶狠。乒乒乓乓之间，斗了三十回合，不分胜败。

孙悟空急于求胜，便揪下一把毫毛，变作一百多个小孙悟空，把那老妖团团围住。老妖见了，张嘴呼出一阵狂风，把那一百多个小孙悟空吹在空中，好像纺车一样乱转。孙悟空见势不妙，赶紧奋起金箍棒，纵身又杀入阵来。那老妖还真有本事，迎面就是一口黄风。孙悟空只觉得双眼一阵刺痛，连泪水都流出来了，只好捂住脸败下阵来。

可怜的孙悟空这才知道，打杀山中的老虎容易，打杀心中的老鼠却难；战胜客观上的困难容易，战胜主观上的妄念却难——更何况是他的领导唐僧的妄念！

差点气坏了眼睛

话说猪八戒看见黄风大作，慌忙躲藏在山坳之间直念观音菩萨保佑。忽然一抬头，看见孙悟空捂着双眼踉踉跄跄地回来了。猪八戒迎上前去问道："大师兄，你怎么啦？"孙悟空说："我被那妖怪喷了一口黄风，吹得我眼珠酸痛酸痛的，泪水止不住地流。我们得赶快找一个眼科医生。"

奇怪，黄风大王是从唐僧心里滋生出来的妄念，怎么会让孙悟空罹患眼疾呢？这就是被唐僧气的。唐僧的这些个妄想杂念，不仅把整个团队闹得乱七八糟，也气得孙悟空两眼害病。

当晚，兄弟俩投宿在路南山坡下的一家庄院。一位老者把他们迎进门来，请他们用一些茶饭，又吩咐用人设铺，请他们就寝。孙悟空说："不睡也罢。敢问贵地可有卖眼药的？"老者问明缘由，说："附近可没有卖眼药的。倒是老汉我珍藏了一副秘方，名唤'三花九子膏'，能治一切风眼。"便取出一只玛瑙石的小罐子，拔开塞口，用玉簪儿蘸出少许药膏，点在孙悟空的眼睛里，要他安安心心地闭目睡觉。

孙悟空一觉睡到黎明，起来一抹脸，一睁眼，赞道："果然好药！只需一点点，就让老孙重见光明啦！"瞧瞧，这"三花九子膏"可真是神效。

孙悟空赞完了眼药，转头左右望望，四周围全是些老槐高柳，哪里还有什么庄院、客房、门窗？这时，猪八戒也醒了，抬头看看，奇怪地问道："怎么一夜之间，这户庄院人家就搬走了呢？我们也是睡得死，怎么他家拆房子，一点动静也没听到？"

原来，昨夜是伽蓝菩萨设的一个局。在梵语里面，伽蓝指的是寺院的道场；伽蓝菩萨，就是负责寺院土地产业的守护神。只因看见孙悟空和猪八戒在荒郊野外落难，就变出一座庄院来，管了兄弟俩一顿斋饭，又医好了孙悟空的眼病。

黄风老妖怕灵吉

孙悟空对猪八戒说："我的眼睛既然已经重见光明，且去打听打听，看看师父下落如何。"依然吩咐猪八戒看护马匹、行李，他自己却一纵身，来到黄风洞外，摇身变作一个花脚蚊子，从门缝飞了进去。飞到后园一看，师父被绑在桩子上，还活着哩！

又嘤嘤地飞到前面，只见一个小妖精，急啪啪地赶来向黄风老妖报告说："大王，大王，小的巡山，看见猪八戒坐在林子里，却不见昨日那个孙悟空。"老妖说："孙悟空不在，难道昨日被我一阵黄风吹死啦?”众妖在旁七嘴八舌地说:“大王，也许孙悟空并没有死，而是搬救兵去了，那可如何是好?”老妖说:“随他搬什么救兵！除了灵吉菩萨，我谁也不怕！”

孙悟空听到这番言语，心中暗自欢喜，立即飞出洞外，来到林子里与猪八戒会合，说:“这个老妖怪谁也不怕，偏偏怕一位灵吉菩萨，不知灵吉菩萨住在何处?”

说来也巧，恰在此时，从大路边走出一位鹤发童颜的老公公。孙悟空上前就叫:“老公公，向您打听一个人，您可知道灵吉菩萨的住处?”老公公回答说:“你问的那个灵吉啊，住在南方的小须弥山中，离这儿有两千多里路哩！”孙悟空说:“两千多里路倒不费事。只是这灵吉菩萨有何本事，降伏得了黄风怪?”老公公哈哈大笑道:“孙大圣啊，你可别小瞧了灵吉菩萨！他手中可有两件独特的法宝。其中一颗定风丹，任凭黄风如何呼啸，都能够镇定自若。又有一根飞龙杖，正好可以捉拿黄风老怪。”

笑声未落，老公公便已化作清风倏然离去。原来那老公公乃是太白金星，特地化身前来指点孙悟空的。

灵吉菩萨和他的飞龙杖

黄风大王害怕的那位灵吉菩萨究竟是谁呢?乍一听来，应该是一位佛教人物。可是，我们翻遍佛教经典，找不到这个人。

也就是说，灵吉菩萨是《西游记》的作者吴承恩虚构的。

灵吉菩萨这个名字，与“凝寂”“灵寂”和“宁静”谐音，代表着我们生命中的智慧和禅定。太白金星说，灵吉菩萨有一颗定风丹，说的就是一颗禅定的心。又说他有一根飞龙杖，说的是因为禅定而产生的那种敏锐的觉察力，能够非常敏锐地捕捉到那些迷惑我们的妄念，恰如《灵猫捕鼠》故事中老猫灵吉那只强有力的猫爪。

话说孙悟空跳在空中，直奔南方的小须弥山，来找灵吉菩萨。他一点头就是三千多里，一扭腰就是八百多里，两千多里的小须弥山转眼就到。灵吉菩萨听说唐僧困在黄风洞中，当即取了飞龙杖，跟随孙悟空来到了黄风山。

孙悟空率先降落在洞门口，掣起金箍棒就打。黄风老妖急忙披挂在身，迎出洞来骂道：“你这个泼猴，就不怕我一阵黄风吹死你吗？”孙悟空也不搭话，且战且退，把黄风老妖引到洞外的开阔地。灵吉菩萨却在云头上施法，把飞龙杖当空掷打下来。只见那飞龙杖化作一条八爪金龙，一把抓住老妖，三摔两摔，把老妖摔倒在地。老妖便现出了原形，果然是一只黄毛貂鼠。

故事讲到这里，你们应该已经懂得了其中的寓意。原来啊，无论多么疯狂的妄念，只要我们归于宁静，就能够非常敏锐地把它抓个正着。

好啦，妄念既然已经被降伏，孙悟空便送别了灵吉菩萨，到树林中去会合猪八戒，一同去黄风洞营救他们的师父。

思考题

1. 每当我们自作聪明、自以为是，就意味着我们被妄念抓进了黄风洞。说说看，你有什么好办法破除自己的妄念？

2. 念诵下面的话，加深对它的理解：
“无论多么疯狂的妄念，只要我们归于宁静，就能够非常敏锐地把它抓个正着。”

第十一课 >>>>

消极情绪是一条恐怖的流沙河

八百里流沙河

话说唐僧师徒过了黄风岭，便是一马平川。正走着，只见前方好一片波澜壮阔的水面。唐僧惊呼道："徒弟们哪，你们看前头那水势宽阔，也不见船只来往，我们可怎么过河呢?"孙悟空跳在空中，手搭凉篷向远方看去，也被这浩浩淼淼的水势惊呆了，叫道："师父啊，如此水势，要想过河，真个是难哪!"师徒三个，站在岸边，忧心忡忡。

忽然猪八戒叫道："大师兄，快到这儿来!"原来岸边有一块石碑，上面刻着"流沙河"三个大字。碑的背面，又有四行小字："八百流沙界，三千弱水深。鹅毛飘不起，芦花定底沉。"唐僧看完，惊得目瞪口呆。谁想刚刚翻过了八百里黄风岭，又遇到这八百里流沙河!

就在这时，只听得河水浪涌波翻，钻出一个红发蓝脸的妖怪，恶狠狠地扑了过来。孙悟空眼疾手快，急忙保护着师父登上高岸。猪八戒掣出他的九齿钉钯，妖怪挥舞着一把铁铲，双方乒乒乓乓地战斗了二十回合，不分胜负。

孙悟空在旁边观战，跃跃欲试了好久，忍不住掣出金箍棒来，飞身过去，照准那妖怪的脑袋就是一棒。妖怪慌忙躲过，转身便钻入了流沙河中。猪八戒斗志正酣，忽然不见了敌人，气得哇哇大叫。

说起来也是“不打不相识”。这个妖怪啊，不是别人，正是即将成为唐僧第三个徒弟的沙和尚。

沙和尚的真实身份

在唐僧西天取经的路上，究竟有没有这条水面宽达八百里的流沙河呢？当然没有。水面宽达八百里，那就应该改名叫流沙湖，或者流沙海了，对不对？在那古老的丝绸之路上，确实能够看到一大片一大片的瀚海流沙，但却很难看到一滴水。莫非传说中的流沙河，就是一片流沙如河的沙漠？

住在流沙河里的沙和尚，身份也着实可疑。书中交代，沙和尚原本是玉皇大帝殿前的卷帘将，因为失手打碎了玉玻璃，被玉皇大帝降罪，流放到了这流沙河。

说到门帘、窗帘，读者自然不会陌生，但在人们的印象中，这种遮遮掩掩的物件，大多与女人有关。大诗人李白曾经写过一首《怨情》诗，云：“美人卷珠帘，深坐颦蛾眉。但见泪痕湿，不知心恨谁。”以简洁的语言，传神地刻画了闺中怨妇楚楚动人的情态。可是，这个堂堂的玉皇大帝要一个卷帘将做什么呢?

原来宋代以后的科举考试，有一个帘禁制度。考试前三日，主考、房官、内提调、内监试、内收掌等官员，由小门进入贡院的至公堂，监临随即把门帘放下来，封闭了这道门。这道门帘就是界线，帘内的考官称为内帘官，帘外的考官称为外帘官。其中，内帘官负责批阅和管理试卷，外帘官负责监临、外提调、外监试、外收掌、弥封、受卷、誊卷、对读等职务工作。这种内外帘制度，是为了防止科场舞弊。沙和尚这个卷帘将，大约就是负责监临的武官。

至于沙和尚失手打碎了的那个玉玻璃，不是现在所谓的玻璃，而是一种白色的水晶。在中国古代的政治文化中，水晶通常象征着纯净、圣洁和高贵。沙和尚失手打碎玉玻璃，即谓沙和尚不小心犯下了有违道德法律的罪过。因此，沙和尚的原型，大约就是流放到西北沙漠的罪犯吧。

沙和尚的性情

作为和平型性格的代表人物，沙和尚是一个相当传统的人。他和所有的和平型的人一样，重视法律、规则、秩序和做人的体面。他们通常不会选择那些创造性的工作，也因此没有什么杰出的工作表现。做行政管理是他们的长项，因为他们习惯于扮演“稳定器”的角色——传统和现状的维护者。他们是默默奉献的一群，他们服务于别人，却从不愿意抛头露面。他们在努力去做正确的事情，这使得他们可信、可靠。他们是这个社会稳定的基石。

和平型的人需要有归属感，他们希望能够在一个规范化程度很高的组织中工作。他们注重稳定和安全，而且尊重权威。大约正是因为这种性格，沙和尚才会被任命为科举考试中负责帘禁制度的卷帘将。

当然，这类人也有缺点。他们通常是不知变通、想象力贫乏的教条主义者。他们缺乏主动性和热情，而且常常用失败主义的眼光看待问题。他们拒绝尝试那些新的、不同的或未被检验过的事物。他们往往会逃避冲突，这使得他们常常采取折中的做法。沙和尚之所以会不小心犯下了有违道德法律的罪过，大约就是因为逃避冲突而发生的，比如对考试作弊，他有可能会睁一只眼闭一只眼。他们会把生活中的这些挫折归结为“运气”不好。

因为“运气”不好，沙和尚被流放到了西北沙漠。生存的环境如此艰苦，以致许多人在这里凄凉地结束了他们的一生。然而，沙和尚却表现出了和平型的人惊人的适应能力。

和平型的人的人生态度有许多看似矛盾的地方，例如：1. 他们性格低调，但并不像完美型那样容易绝望；2. 他们厌恶那种不稳定和混乱的工作环境和生活状态，可在暴风雨中他们却能够表现出令人惊叹的镇定。当活泼型在尖叫、力量型在攻击、完美型在消沉的时候，只有和平型还能冷静处事。他们通常会后退一步，静观其变，然后默默地向着一个他认为正确的方向前进。他们不会被感情冲昏头脑，对愤怒也好像无动于衷。他们做事拖沓，但在复杂的局势中却能够保持沉默，并且富有耐心。

八百里流沙河与和平型的沙和尚之间似乎有着某种哲学上的联系。和平型的人是如此消极，一座城市在他们眼里如同一片荒野，一个组织也会被他评论得如同一片沙漠。他们没有什么雄心壮志，不容易被鼓动起来，懒惰、马虎、讨厌别人指责。他们习惯于批评和嘲讽，习惯于给别人泄气。和平型的人仿佛个个都会“龟息大法”，他们的随和与耐心使得他们拥有众多朋友。但你也会同时发现，他们会消磨你的积极性，让你也感觉到，这世界如同一片沙漠。

积极态度与消极态度

每个人都有喜、怒、哀、乐和情绪上的起伏变化。当情绪波动的时候，那就意味着我们需要调整自己的生活态度，对不对?

但和平型的人似乎是例外，他们好像从来没有什么大喜大悲，也不容易激动，永远那么消极而又固执。和平型的人通常都不是哲学家，很少去思考生活的意义，也很难理解为什么一个人可以通过改变自己的态度去改变自己的生活。

什么是态度呢？很多时候，人们会伪装自己的态度，假装自己很快乐或者同情某个人。但在事实上，态度就是你的心灵表白。这种心灵表白受到你的感情、思想以及行为倾向的影响。当你觉得一切都顺心如意，对未来感到乐观，你就传达出一种积极的态度，人们通常也会做出友好的反应。如果你觉得一切都很糟糕，对未来感到悲观，你的态度也会很消极，事情就真的变得比你想象的还糟。所以，有哲学家就说："你对生活是什么态度，生活对你也是什么态度。"

你的工作是否积极，生活是否幸福，完全取决于你的态度。比如：一种局面，你可以把它看作机会，也可以视为失败；一个落叶纷飞的秋天，你可以看作是美丽的，也可以视为丑陋的；我们所置身的这个环境，哪怕真的是一片沙漠，你也可以看作是一次令人兴奋的挑战，或者视为生命的绝境。

是强调积极因素，还是扩散消极因素，就如同使用放大镜一样。你可以把放大镜放在好消息上，让自己感觉更好，你也可以放大坏消息，觉得自己很可怜。可生活中却有那么一些人，总是习惯于把放大镜放在坏消息上，结果生活就真的变成了令人绝望的沙漠。

穿越人生的流沙河

现在，摆在唐僧师徒面前的问题，就是如何降伏这个后来被叫作沙和尚的妖怪。为什么要降伏这个妖怪呢？很简单的道理，因为渡过流沙河是取经路上无法避免的过程，在艰苦的环境面前，首先就必须克服消极的情绪。

孙悟空和猪八戒与这个妖怪三次交手，三次都让他跑了。最后，他干脆把自己深藏了起来，根本不给你交手的机会。这几乎是所有和平型的人的性格特点，他们逃避冲突，对事情置之不理。如果你恰好有一位和平型的家人或同事，一旦你们之间发生冲突，对方通常会选择逃避或者沉默，不要说争辩，连吵架的机会都不会给你。

孙悟空只好去找观音菩萨。观音菩萨的方法很简单，派了一位木叉行者来到流沙河上空，喊一声："悟净！悟净！取经人在此久矣，你怎么还不归顺？"妖怪便从藏身之处出来，拜见师父。他既在流沙河中，便以沙为姓，观音菩萨给他取名悟净，这便是唐僧在孙悟空、猪悟能之后收的第三个徒弟——沙悟净。唐僧见他待人处事像个和尚，因此又把他叫作沙和尚。

当消极的因素被排除，事物就会转向令人乐观的另一面，于是我们就能重新获得积极的态度，就能把我们的注意力——一种魔术般的放大镜——放在某种成功的可能性上。所有的资源和力量都将支持我们去实现那种成功的可能性。当我们的态度越积极，我们的决心就越大，我们所能调动的资源和力量就越多，成功的概率也会随之上升。态度决定了成功的最大概率，决定了成功的全部学问。

木叉行者的成功之道

木叉行者，梵语的意思是“从烦恼的束缚中得以解脱”。如何解脱呢？从流沙河的故事中，我们大约可以得到下列方法：

第一，流沙河的出现，其实是一种人生常态。每个人都会遭到人生的流沙河，不要紧张兮兮、反应过度，因为这样只会把坏消息放大。与之相反，我们应该选择积极的态度，去关注某种成功的可能性，把好消息放大，而事态也会因此变得令人乐观。

第二，穿越困境的唯一办法就是转向积极的态度。没有人能够永远积极，因为我们总在不断地遭遇挫折，就像唐僧师徒所经历的九九八十一难那样。然而，如果我们想要成为一个真正的成功者，就必须学会从挫折中迅速恢复自己的积极态度。

第三，不要假装积极，而是要真的积极，要迅速找回你自己。答案在你自己心里，而不是外面的流沙河。

第四，建立积极的沟通模式。积极而有效的沟通能够使你化干戈为玉帛，人们不再反对你，而是对你大加赞许和提供支持，于是你就能获得尽可能多的有助于成功的资源。

所有的方法都必须通过积极的态度去执行。在很多时候，仅有积极态度是不够的，但积极态度可以让你轻松地看待问题，让你偏向于希望而不是绝望，偏向于创造性的兴趣而不是枯燥乏味，偏向于努力而不是得过且过，偏向于欢乐而不是悲伤。

这样你就不容易被问题打倒。

积极态度也常常使得许多复杂的局面变得简单。比如，与和平型的人沟通起来非常费劲，他们那种深藏不露的性格特点会使事态变得难以控制。然而，如果你能够清楚地表白自己的意图，他们也会立即做出反应。

积极态度还能让你的知识和潜能燃烧起来，这样就能充分激发你的创造力，使你在困难面前所向披靡，好运气也会随之而来。

思考题

1. 说一说你身边的沙和尚，他们的性格中有哪些特点是你喜欢的，有哪些特点是你不喜欢的？

2. 你可以把放大镜放在好消息上，让自己感觉更好，你也可以放大坏消息，觉得自己很可怜。请问：你习惯于把放大镜放在哪里？

第十二课 >>>>

团队中的异与同

团队成员清单

我们正在长大，将来进入某个公司或者某个部门，去担当一个我们喜欢或者不喜欢的职位。我们会遇到很多同事，每个人的性格都不一样，但我们需要去共同完成一个接一个的任务。

这里面就有两个我们必须要学习的课题。第一个课题是我们自己的职业生涯如何选择，如何规划。对于这个课题，我们准备得越早，我们的职业生涯就越明确，就能抢占先机，并且建立自己的优势。第二个课题是团队，我们需要在里面学习如何分工、如何协作和如何建立起友爱互助的同事关系。

唐僧师徒的取经团队是一个很好的案例。他们翻过了八百里黄风岭，越过了八百里流沙河，终于组建了一支完整的团队。下面是团队成员的清单：

☑ 唐僧是一个完美型的人，他目光远大，目标明确，有组织设计能力，注重行为规范和工作的高标准，他担任了团队的主管。如果一个团队中没有唐僧，这个所谓的团队就只是一群乌合之众，不会有什么远大的前程。

☑ 力量型的孙悟空，干劲十足，崇尚行动，解决问题不过夜，注重工作的结果，能够迅速理解和完成当前的团队任务，是团队的业务骨干。如果一个团队中没有孙悟空，我们很难想象这个团队如何去进步。如果一个团队中没有孙悟空，唐僧的远大抱负将很可能化为泡影。

☑ 活泼型的猪八戒，热情奔放、感情外露，善于活跃工作气氛，他承担了团队的公共关系工作。他帮助每一位同事，并且使工作变得有趣。如果一个团队中没有猪八戒，这个团队将是枯燥乏味和令人厌倦的。

☑ 沙和尚是一个和平型的团队成员，他平和、冷静、有耐心，承担了团队的事务性工作。事实证明，他能够胜任这份工作并且持之以恒，而且能够在压力下保持冷静。别看他平时默默无闻，可每次到了最后的关头，都是他来稳定局面。

团队的任务，必须由这四种不同性格的人去协作完成。一个健康的组织机构，需要集合四种性格的优势。每一种性格的人都有其不可替代的长处，但同时也无法取代别人的长处。

你是哪一种性格类型？

你可以尝试着去辨别，在你身边的人群里，谁是唐僧，谁是孙悟空，谁是猪八戒，谁是沙和尚？例如你的爸爸，他是唐僧呢，还是孙悟空，或者是猪八戒、沙和尚？还有你的妈妈和你，在你们的家庭生活中，你们各自都有怎样的性格，彼此之间又是怎样相处的，发生了哪些有意思的故事？

最重要的是你，你在团队中是哪一种性格类型的成员呢？我们在第六课说过，每个人都是四种性格的混合体，每个生命体都是“唐僧+孙悟空+猪八戒+沙和尚”，但是每个人都会有一种主导功能的性格基调。例如，有些人的性格基调是唐僧，于是他们就会采用唐僧的思维方式和行为特点来与人相处和共事。日久天长，这些思维方式和行为特点便成了他们身上根深蒂固的习惯。还有一些人，他们的性格基调分别是孙悟空、猪八戒、沙和尚，这样形成了人与人之间的差异。

我们很难改变自己身上占主导作用的性格特点。占主导作用的性格特点，已经成了我们生命的重要部分，而且会终身伴随我们。无论你是何种类型的性格，它都适合你。

每一种性格都有它潜在的优势和缺点。当一个人能够充分发挥他的性格优势，他就能够成为这种性格类型中杰出的成功者。因此，各种性格类型之间，没有好坏之分，用不着骄傲，也用不着自卑。我们唯一需要做的，是对自己和别人的理解。

即使是在同一种性格类型里面，你与别人也是不一样的，就好像一棵树上没有两片完全相同的树叶。因为在你身上除了起主导作用的性格特点，还有起辅助作用的性格特点，例如：你可能是“唐僧+孙悟空”型的性格特点，而你的孪生兄弟却是“唐僧+沙和尚”型的性格特点。还有，由于各自抱持的信念不同，同一类性格的两个人也会在行为方式上出现巨大差异。

团队的生命力

并不是每一支团队都由唐僧来做主管。然而，当一支团队组建起来以后，我们就需要思考一个相当严肃的问题：一支团队的生命力——或者拿到市场竞争的环境中来，称之为团队的核心竞争力——的内容是什么?

有人说是产品或技术。然而，随着时代的进步，曾经一度领先的产品或技术总有一天会落伍。更何况，这些技术是可能被窃取或学习的。

也有人说是人才。可是，如果你无法提供一个快乐的工作环境和较高的薪酬待遇，这些人才也是很容易流失的。

还有人说是机制。可是，机制毕竟只是一种管理工具，如果没有团队成员的支持，再好的机制也会形同虚设。

那么，真正的团队生命力究竟是什么呢？透过众说纷纭的现象看本质，我们就能够发现，真正的团队生命力乃是团队成员的共同信念。

什么是共同信念？所谓信念，就是一颗念兹在兹的心，或者说，是一颗诚实可靠的心。所谓共同信念，就是每一个团队成员以他自己的诚实，与全体伙伴达成的共识。

如果你是诚实的，那么你就会发现：每一颗诚实的心里面，其实都充满了热爱。人的智慧就从那热爱而来，人的创造力就从那热爱而来。毫无疑问，团队的生命力也是从那热爱而来。

善护念和善咐嘱

诚实这件事，说起来好像是老生常谈，做起来却非常不容易。按照佛学的解释，一呼一吸之间叫作一念，每个人在一分钟之内就转过了几十个念头，真可谓“思绪纷飞”。由此可见，一个人想要让他那些“纷飞”的念头们回归诚实，该有多么困难，更何况是一群人。

还记得孙悟空的神仙师父须菩提吗？他在《金刚经》里请教如来佛祖说：“世尊啊，人世间的善男善女若要打开自己的智慧，究竟应该怎么做呢？他们应该怎样稳住自己的这颗心，怎样去降伏那些变化多端的妄念？”世尊是须菩提对佛祖的尊称。佛祖就回答说：“你问得好啊，须菩提！我的办法就是两个：第一个，要善护念；第二个，要善咐嘱。”

所谓“善护念”，对于我们每个人而言，就是要照看好自己的心念；对于团队管理而言，就是要注意每一位成员的思想动态。在这个纷纷攘攘的商业社会中，我们每个人的信念常常会遭到各种功利主义的冲击。

例如，很多人上大学，会选择那些看起来更有商业价值的专业，却错过了自己真正喜欢和热爱的专业。等到大学毕业，那些专业很可能就失去了曾经有过的商业价值。进入职场以后，也有很多人因为各种诱惑而频繁跳槽。与之相似，我们的团队也常常会为了一些短期的利益而改变初衷。

远离了诚实和热爱，就意味着我们远离了自己的人生。我们常常会自作聪明，但我们并不知道，自作聪明恰好就是愚蠢的同义词。我们也许会挣到一些钱，但我们会过得非常不快乐。那种不快乐的学习和工作，每时每刻都是对人的奴役和折磨。只有回归到诚实和热爱里面，我们的人生才可能得到快乐和有智慧的成长。

想要照看好自己的心念，并不是一件容易的事。为什么呢？因为我们有一颗喜欢自作聪明的脑袋。只要一自作聪明，我们的注意力就会像孙悟空那样，从心灵里面，“噌”地一下，一个筋斗云翻出十万八千里。怎么办呢？那就要“善咐嘱”，就是要时时刻刻地警醒自己、叮嘱自己。对于团队的领导者而言，不仅要有好的管理方法，同时也要勤于叮嘱，确保大家能够沿着团队的既定路线前进。

菩萨们的游戏

现在，唐僧师徒已经完成了他们这个团队在人员上的配置。

可是，他们是不是真的跳出了性海流沙呢？是不是每个成员都能牢记自己的使命，以坚定的信念去完成西天取经的大业呢？观音菩萨特地在前方变化了一座庄院，又与黎山老母、普贤菩萨、文殊菩萨化作四位美女，精心安排了一个财色游戏，来测试他们的意志力。

话说唐僧师徒一路前行，一路看不尽的野草闲花。不知不觉之间，已是层林尽染，满目青山变成了枫叶的烈火，红彤彤的一派深秋景象。特别是长空中的那一行雁阵，令人生发出无限感慨。就这么走着走着，天色就黑下来了。只见半山腰中云雾缭绕，露出一座庄院来。唐僧说："徒弟们哪，天色又晚了，我们就往那里借宿去吧！"便下了马，向前走去。走得近了，就可以看见一座雕梁画栋的门楼。

唐僧不敢造次，叫徒弟们在门楼下歇息，只等有人出入，便好借宿。等了好大一会儿，孙悟空性急，跳进门里探看。忽听得后门内有脚步之声，走出一位中年美妇，娇声问道："是什么人，胆敢闯进我寡妇家里来？"孙悟空慌忙赔不是，说："我们是往西天取经的和尚，因天色已晚，特来府上借宿的。"那妇人说："既然如此，那你们就都请进吧！"

唐僧师徒就这样走进了一个美人窝。不仅这中年美妇风韵袭人，在她膝下还有三个如花似玉的闺女。舍下又有良田六百余顷，山场果木三百余顷，庄堡草场六七十处，牛马成群，猪羊无数。家里有吃不完的米谷，穿不完的绫罗，使不完的金银。中年美妇自言丈夫前年去世，只剩下她们孤女寡母四个，希望四位长老能够入赘。天哪，只要点一下头，他们就能立即拥有美女、家业、财富。这可是多少男人梦寐以求的幸福生活呀！

唐僧默默无言。师徒四个你推我、我推你，谁也不好答应。没想到猪八戒却暗暗动了心，借口放马，顺着围墙转到了后门口，看见那位中年美妇带着三个女儿在小院中观赏菊花。猪八戒满脑子富贵情色，晕晕乎乎地就过去了，向着那妇人喊娘。那妇人说："你们那个师父呀，也太较真了。在我家做女婿多好，偏要去取什么经。"猪八戒说："他们不愿意我愿意呀！只要娘不嫌我丑，我是很愿意留下来的。"

那妇人想了想，说："我还有些犯难。把大女儿配你，恐怕二女儿怪；要把二女儿配你，恐怕三女儿怪；欲将三女儿配你，又恐怕她的两个姐姐怪。"猪八戒说："娘啊，您就爽性把她们都给我吧，省得她们争吵。"那妇人说："岂有此理？难道你一人就占我三个女儿不成？我有一个办法，你顶一方手帕在头上遮脸，来撞天婚吧！教我女儿从你跟前走过，你伸开手扯着谁就把谁许配给你。"

那厢里，唐僧与孙悟空、沙和尚用了斋饭回客房安歇不提。这厢里，满堂银烛辉煌，猪八戒顶着手帕痴心妄想撞天婚。这个呆子，只听得三个美人在周围来来往往，环珮碰撞出清脆的声响，而且还能闻到她们身上散发的馨香。可是伸手去抓，每次不是抱住柱子，就是碰了墙壁，累得气喘吁吁，实在跑不动了，一屁股坐在地上。

丈母娘说:“女婿呀，既然你抓不到人，我们就换一种办法。我这三个女儿每人织了一件珍珠篏锦汗衫儿，你穿得上哪个，我就把哪个女儿嫁给你。”猪八戒急忙说:“好！好！好！把三件衫儿都拿来给我穿穿看。如果都穿得，还是叫她们都嫁给我。”那妇人便转进房里，只取出一件衫儿，递给猪八戒。那呆子拿起衫儿就穿，忽然“扑”的一声摔倒在地上，原来那件衫儿眨眼间变成了几根绳子，把猪八戒紧紧捆住了。

再说唐僧、孙悟空和沙和尚，一觉醒来，天已经亮了。睁开眼一看，哪里有什么富贵庄院？他们三个人，竟然都睡在松柏林中。猪八戒到哪里去了呢？原来他被紧紧捆绑着吊在树上，一声声喊叫:“师父，快来救我！”大伙儿顺着声音找过去，看着他那又狼狈又滑稽的样子，着实好笑。

孙悟空上前逗弄他说:“好一个新郎官，你的新娘子呢？怎么一大早跑到树上打起秋千来啦？”猪八戒惭愧不已，满脸都是羞赧。

先别忙着嘲笑猪八戒。在人们的现实生活中，情色与财富可不就是两条绳索吗？你们去看看那些大人，他们之中有很多人都是猪八戒，被情色与财富两条绳索捆绑住了自己的人生。你们呢？长大以后可别学猪八戒，多狼狈啊！

看一看菩萨们的智慧，令人叹为观止啊！不仅“善护念”，而且是如此“善咐嘱”，竟然采用了这样有创意的游戏来教育大家，真是太精彩啦！

思考题

1. 给你们全家做一份清单，包括爷爷、奶奶、外公、外婆、爸爸、妈妈和你自己，记下每个人最显著的三个性格特征。

2. 性格不同，表达爱的方式也各不相同。说一说，你的家人们都是怎么做的？

第十三课 >>>>

人参果是一个隐喻

这是一座什么山?

唐僧师徒一路风餐露宿，走着走着，忽然又看见有一座高山挡路。我们在现实生活中，也常常用山水来比喻人生的磨难，成语“山长水远”“山重水复”“山穷水尽”说的都是这个意思。同样的道理，《西游记》里的每一道山水，也都是唐僧师徒面临的困难。

可是，现在的这座山与以往的山不一样。这座山名唤万寿山。山中有一座道观，名唤五庄观。观里有一位神仙，道号镇元子。神仙与妖怪在处世风格上是有高下之分的，因此，山中景色也大不一样。唐僧说 :“我们一向西来，经历过许多山水，都是那嵯峨险峻之处。而这座山却是景色幽趣，叫人看着满心欢喜。”然而，唐僧没有细想的是，山中景色虽然幽趣，可是，山毕竟是山，困难毕竟是困难。这一回，他们又将遇到怎样的麻烦呢？

话说这一天，镇元子要到上清天上弥罗宫去听元始天尊讲经，临走时向两位童子交代说："近两天有一个朋友经过这里，你们不可怠慢了他，到果园里打两只人参果来招待他。"原来，唐僧的前生与镇元子相识，虽然唐僧如今并不记得前缘往事，镇元子却记得这个朋友。

镇元子走后不久，唐僧师徒便到了万寿山，往五庄观来投宿。两位看家的童子，一个唤作清风，一个唤作明月，笑吟吟地迎接他们。趁着孙悟空到山坡放马、猪八戒到厨房借灶做饭、沙和尚在门口看守行李，二位童子便到果园里打下两只人参果，端过来请唐僧享用。谁知唐僧看见人参果好像刚出生的婴儿一样，吓得浑身发抖，哪里敢吃？使劲摇头摆手，叫他们赶快端走。

两位童子没有办法，只好端着果盘回到房里。由于那人参果放长了时间容易放坏，两位童子就一人一只，将两只人参果分着吃了。刚好猪八戒在隔壁厨房里听得清清楚楚，不由得垂涎三尺，恨不得立刻尝个新鲜。

这人参果是一种什么宝贝呢？有人说是青藏高原的一种多年生匍匐草本植物的块根，藏语叫"卓老沙曾"。也有人说是新疆的库尔勒香梨。还有人说，人参果是一种茄科类多年生双子叶草本植物，原名为香瓜茄，又名长寿果、凤果、艳果。但这些说法都很牵强，为什么呢？因为《西游记》里面有交代说，这个人参果需要三千年开花、三千年结果，再加上三千年才得成熟。你们想想看，有哪一种瓜果需要九千年才得成熟?

《西游记》是一部文学作品。在这部文学作品里面，人参果其实是一个隐喻。它的真正意义，是人与人之间的友谊，或者说，是一种与人为善的公共关系。《大学》里面说:“大学之道，在明明德，在亲民，在止于至善。”这个“善”字，就是我们做人的标准。对自己，要“独善其身”。对他人，不仅要“与人为善”，而且要“劝人为善”。唐僧师徒遇到的这座万寿山啊，原来是一个公共关系问题。

人参果的意义

话说猪八戒看见孙悟空放马回来，急忙把他叫到厨房，神神秘秘地问他:“这观里有一件宝贝，唤作人参果。你身手麻利，去偷几个来尝尝，如何?”孙悟空说:“这个容易，老孙手到擒来。”猪八戒告诉他，采摘人参果需要一种特殊的工具，叫金击子。

好一个孙大圣，蹑手蹑脚地潜入仙童的房间，先取了金击子，又翻身来到后园。只见那园子中间有一棵大树，长得枝繁叶茂。几只人参果藏头露尾地闪烁其间，真像初生的小孩儿一般，可爱极了。孙悟空欢喜不尽，暗自夸道:“果然是好东西呀!”倚着树，嗖的一声，就蹿上去了。

他用金击子敲击了一下，第一只人参果落了下来。孙悟空也跟着跳下来，在草丛中四下里找寻，却怎么也找不见。孙悟空感到蹊跷，把果园的土地神唤了出来，问道：“你知不知道，我老孙是天下有名的贼头。我当年偷吃蟠桃、御酒、灵丹，从来没有人敢与我分享，怎么今日刚刚偷了一个果子，就被你偷去了？”

土地神慌忙赔着笑脸解释，说：“大圣啊，你错怪了我啦！你只看到那宝贝玲珑剔透、鲜美诱人，却不知道它有一些奥妙。”孙悟空就问：“它有什么奥妙？”土地神说：“那宝贝极其鲜美，却与五行相畏。遇金则落，遇木则枯，遇水则化，遇火则焦，遇土则入。大圣刚才用金击子把那个果子打落在地，它便遇土而入了。只是这块土地有些年头了，比生铁还硬，连钢钻也钻不动。大圣若不相信，在这地上打它一棒试试看？”

孙悟空举起金箍棒，就是一棒打下。只听见“哐啷”一声，金箍棒反弹起来，震得孙悟空双手发麻。再看看地上，却了无痕迹。“我这一棒子，能够打得山崩地裂，却怎么奈何不了这块土地？”孙悟空望着土地神，说：“如此看来，你说得不假！”

孙悟空之所以错怪土地神，其实也与他的性格有关。作为力量型的代表，孙悟空的优点和他的缺点一样明显。他目光敏锐，行动果断，独立自主，意志坚强，可是在人际关系方面，他却不是一个好朋友。他喜欢控制别人、利用别人、强迫别人，或者为别人做主，却不能够冷静地倾听别人的心声。他也知道人参果是友谊的象征，可就是因为他的功利主义，他无法理解友谊的真正内涵。

人参果之所以状若初生的小孩儿，说明真正的友谊永远像孩子那样纯真。之所以遇金而落、遇木而枯、遇水而化、遇火而焦、遇土而入，说明友谊容易受到物欲的伤害，需要小心呵护。比生铁还硬、连钢钻也钻不动的那块土地，比喻的则是我们安身立命的这个社会，竟然如此冷漠而又生硬。可恰恰就是在这样的世态人情中，生长了这么一棵三千年开花、三千年结果、再过三千年才能成熟的人参果，多么稀罕哪，这不就是在感叹友谊的难能可贵吗?

你们看看，师徒四人投宿在别人家里，他却趁机来偷人家的宝贝！这就是被土地神唤作大圣的孙悟空吗？功利主义的孙悟空，其实是大圣的反义词。他并不懂得珍惜人间的这份真情，也不曾考虑自己偷吃人参果的行为是否有违道义。真是“有果堪摘直须摘，莫待无果空摇枝”啊！他再次爬上树去，拿金击子敲下三只人参果，用衣服的前襟兜着，跳下树来，溜进厨房里去，与猪八戒、沙和尚偷偷地分享。

猪八戒吃人参果

兄弟三人吃人参果，偏偏猪八戒就吃出了一段流传千古的笑话。他张开大嘴，把那人参果扔了进去，一个囫囵就吞咽下肚，转过头来却问孙悟空和沙和尚:“你们两个吃的什么?”沙和尚说:“跟你吃的是一样的东西，人参果呗!”猪八戒又问:“什么滋味?”孙悟空奇怪地说:“你问别人干什么？老话说得好，要想知道果子的滋味，就应该亲口尝一尝。你已经亲口尝了一个，怎么还不知道滋味呢?”猪八戒说:“我吃得太快，没有尝出什么味道来。大师兄啊，你好人做到底，再去弄几只来，也让我老猪细细地品味品味。”

原来啊，友谊是需要用心品味的。完美型的人常常感叹知音难觅，他们是那样形只影单，却总在不停地寻找理想的伙伴。他们能够深切地关心他人，愿意切实地帮助别人解决困难。可是，他们太谨慎了，就好像唐僧那样，不敢面对鲜活如孩儿的人参果。于是，他们就会错过最初和最真的赤子之心，留下“此情可待成追忆，只是当时已惘然”的无限惆怅。

至于力量型的孙悟空，虽然知道朋友可贵，却只是看重朋友的可利用价值。和平型的沙和尚呢，虽然人缘也不错，有同情心，却生来就欠缺那种对待朋友的炽热情怀。活泼型的人呢？善于结交朋友，也有很多朋友，可大多是些热闹场中的酒肉朋友。只是在热闹过后，回头一想，除了过了一回嘴瘾，啥感觉没有，就跟猪八戒吃人参果似的。

孙悟空就说了:“兄弟，你知足吧！人参果这个东西，不是筵席上的那些饭菜，塞进肚子管饱。九千年哪，才结得这么三十个，你能够吃上一口，已经是莫大的福缘啦!”他抢白了猪八戒几句，回头又偷偷地把金击子放回原处，装作什么事也没发生的样子。

可是，猪八戒心里却憋得慌，不停地嘟哝。两位仙童听见他在嚷嚷:“一个人参果吃得不快活，还得设法再弄两个来尝尝才好!”两位仙童慌忙跑进园子，站在树下数那人参果的个数。

数来数去，只有二十二个。明月说："果子原是三十个。师父开园，分吃了两个，还有二十八个。刚才打下两个与唐僧吃，还有二十六个。如今只剩得二十二个，却不少了四个？"清风说："不消讲，不消讲，一定是唐僧手下的那伙恶人偷了。"

两位仙童来到前殿，指着唐僧，一顿"秃驴前秃驴后"的乱骂。什么贼头鼠脑啦，什么没羞没臊啦，骂得唐僧实在听不过去。唐僧说："仙童啊，你们先莫嚷嚷，等我问几个徒弟。如果真是他们偷了，我们一定赔你。"明月冷笑说："赔？有钱都买不到，你们拿什么赔？"唐僧说："既然有钱也没法赔，我叫他们给你们赔个不是，如何？常言说得好，仁义值千金。只要他们真心实意地认错，你们也就消消气吧！"便走到大殿后门喊道："徒弟们，你们都过来。"

孙悟空和沙和尚正在暗自笑话猪八戒哩！忽然听得师父叫唤，沙和尚就说："完了，完了，肯定是两位童子发现了什么。"孙悟空说："偷东西这事儿，没发现也就罢了；一经发现，活活地羞死人哪！"猪八戒说："那还不简单？索性不承认呗！"

孙悟空的粗暴作风

兄弟三个统一口径，到大殿去见师父。到了殿上，对师父说："饭快熟了，您叫我们有什么事？"唐僧说："我不是问饭熟了没熟。观里有什么人参果，好似孩儿一样的宝贝，你们中间是谁偷吃了？"猪八戒连忙声明说："我老实，不晓得，没见过。”和平型的沙和尚本能地选择了沉默。清风指着孙悟空说：“笑的就是他，笑的就是他！”孙悟空做了一个鬼脸，说：“我老孙生来一张笑脸，难道你们家不见了什么宝贝，就不允许我笑?”

唐僧说：“徒弟呀，你先不要发脾气。我们是出家人，不打诳语，莫吃昧心食。果然吃了他的，赔他个礼吧，何苦这般抵赖?”孙悟空倒也爽快，立马承认自己偷了三个人参果。明月说：“既然认错，就爽性认到底嘛！明明偷了四个，为什么只承认偷了三个呢?”猪八戒一听，指着孙悟空就嚷嚷：“好哇，你明明偷了四个，却骗我们说只有三个，自己暗地里先得了一个的好处！”清风就抓住这个话柄不放，骂道：“看看吧，兄弟之间都这么分赃不均，还有什么脸面在这里装模作样?”

两位仙童于是越发骂得起劲。孙悟空呢？听得咬牙切齿，忍无可忍，就在心里怀恨说：“俺老孙索性把它打个七零八落，教大家都吃不成！”便把脑后的毫毛拔了一根，变做自己的替身，在那里忍受辱骂。他的真身却跳到园子里，挥舞金箍棒，往树上乒乒乓乓一阵乱打。人参果遇金而落，遇着金箍棒焉有不落之理？等到那些果子纷纷落下，又遇土而入，哪里还有半个？饶是如此，孙悟空仍不解恨，又使个推山移岭的神力，把那棵人参树也一掌推倒，这才罢手。

两位仙童骂了多时，也不见孙悟空还嘴。清风说：“明月，也许是我们错怪他了。待我们再去查查，省得冤枉了他。”又来到园中，只见满园子残枝落叶，连树也倒在一边，哪里还有人参果的影子？吓得两位仙童魂飞魄散，跌坐在地上动弹不得。

半晌，明月回过神来，说："这伙恶人，竟然如此绝情！和他们争斗，我们两个也不是对手。不如暂且装作若无其事，找个机会把他们锁在屋子里，等师父回来处置。"便强打精神，又回到大殿。

猪八戒正在盛饭，沙和尚正在安放桌椅。两位童子见了，连忙取了酱瓜、酱茄、糟萝卜、醋豆角、腌窝蕖、绰芥菜等七八个碟儿的小菜，满面笑意地端过来。又泡了一壶好茶，殷勤地献了上来。趁着师徒四个埋头吃饭，两位仙童蓦地把门关上，插上了一把铜锁。接着，两位童子又在房前屋后叫着嗓子骂开了。唐僧听明白了，丢下饭碗，埋怨孙悟空说："你这泼猴，也做得太霸道了！你偷吃了人家的果子，让人家骂几句也就罢了，怎么连树也给推了呢？"

唐僧哪里知道，霸道正是力量型性格的典型特征。尤其是在发生冲突时，他们会用一种生硬、粗暴的态度来对付面前的麻烦问题。他们崇尚暴力，死不退让，强硬而又专横。然而，令他们意想不到的是，他们的这种暴力作风常常会引起人们更强烈的反抗。就像现在的两位童子，对孙悟空简直愤恨到了极点。

且看孙悟空如何处理公关危机

门上的那一把铜锁，其实是唐僧师徒这支取经团队所遭遇的公关危机。我们也一样，在为人处世的时候，也会遭遇这样或那样的公关危机。出现了危机，怎么办呢?

孙悟空使用的第一个招数是——暗夜潜逃。到了夜晚，先使了一个解锁法，往门上一指，那门便豁然而开。然后又使了一个瞌睡虫戏法，让两位仙童酣然入睡。猪八戒牵了马，沙和尚挑起行李，一行四人悄无声息地出了五庄观。

话说唐僧一夜马不停蹄，往西逃出了一百二十里路。谁知镇元子已经从元始天尊那里回来了，驾起一道祥光追赶上来，拦住了他们的去路，责问说:“你们师徒四个，吃了我的人参果，打倒了我的人参树，就这么一走了之吗?”孙悟空被问得恼羞成怒，举起金箍棒就打。镇元子侧身躲过，脚踏祥光，来到空中。孙悟空跟着跳了上来，又是一阵没高没低的乱打。镇元子却使出了一个“袖里乾坤”的手段，将袖口迎风一展，把唐僧师徒连同白马全都装了进去。

回到五庄观，镇元子把唐僧师徒一个个地从袖子里捉出来，都绑在柱子上。“徒弟们,”镇元子吩咐说，“把我的七星鞭拿出来，痛打他们一顿，也好出气!”仙童问:“师父，先打哪个?”镇元子说:“唐僧管教无方，先打他!”唐僧是团队的主管，他的员工桀骜不驯，他是要承担管理责任的。

孙悟空叫道:“大仙，你错了。偷果子是我，吃果子是我，推倒果树也是我，怎么不先打我，反倒打他呢?”镇元子笑道:“你这泼猴，倒也有一种好汉做事好汉当的气派。那好，就先打你!”仙童便抡起皮鞭，一下一下地，打了三十鞭。谁知孙悟空早将两条腿变成了熟铁，三十皮鞭打下来，竟将两条腿打磨得明晃晃的，哪里知道疼痒？

镇元子又吩咐说："是这个唐僧放纵自己的徒弟撒泼。接下来，还是应该打他。"孙悟空又拦住话头，说："大仙又错了。偷果子时，我师父在殿上与两位童子讲话，并不知道我做的勾当。你还打我吧。"于是，噼里啪啦地，又打了他三十鞭。

挨了一天的打，到了夜深人静，孙悟空却又弄起了神通。先是挣脱了捆绑，然后吩咐猪八戒去拱倒四棵柳树搬过来。他便念动咒语，把那四棵柳树变作师徒四人模样。这便是他的第二个招数，叫作冒名顶替。与此同时，他们师徒四人却趁机溜得无影无踪。

第二天早上起来，镇元子说："今天该打唐僧了。"仙童便抡起皮鞭，噼里啪啦地打了唐僧三十鞭。打完了唐僧，依次便是猪八戒和沙和尚，最后又来打孙悟空。打来打去，唐僧师徒便现出了柳树的原形。

镇元子冷笑道："这个猴子果然有些本事。"又纵身跃上云头高叫："孙悟空，果树的事情尚未了结，你往哪里走？"孙悟空回头看见镇元子，恶从胆边生，带着两位师弟，各自挥舞兵器，要来结果镇元子的性命。岂知镇元子把袖口一展，又把他们连人带马全都装了进去。回到五庄观，还是把他们绑在柱子上。

镇元子说："孙悟空，我知道你生来是一块铁骨头。但我必须让你明白，你若是不还我人参树，休想离开五庄观！"

危机管理的有效办法

人世间充满了各种是是非非的争端和危机。无论是个人，还是政府，或者企业，危机公关和危机管理一直是被人们热烈讨论的课题。危机的起因是什么呢？是人们的自私自利。

自私自利是一个狭隘的空间。在这个非常有限的空间里面，人们只能看到眼前的利益。人们看待公共关系，也都喜欢使用二分法，以为利人必然损己，利己必然损人。于是就有很多人，为了一己之利，置他人利益于不顾，大打出手，做出一些损人害己、两败俱伤的蠢事。

危机管理的有效办法，不是大打出手，不是使用瞌睡虫戏法糊弄人，也不是使用冒名顶替的方法来逃避罪责，而是要回到智慧中来。智慧意味着你有很大的视野、很大的格局、很大的空间，你会注意到更多的事实和细节，你的思考会更全面，然后你会从中生发出一种更从容、更自如的创造力。

孙悟空扑闪着一双火眼金睛。他终于明白了，为了利己而损人，最终损害的还是他自己。同时他也意识到，逃避解决不了问题。做事一如做人，与人为善才是智慧之选。于是，他笑着对镇元子说："你放了我师父，我便还你一颗活树如何？"

镇元子满口答应。孙悟空便一个筋斗跳出了五庄观，到那天地之间去寻找救活人参树的方法。他多方探求，找来找去，又找到了南海观音菩萨跟前。观音菩萨说："你早该来找我。我这净瓶中的甘露水，正好可以医活那棵人参果树。”

枯死的人参树居然活过来了！观音菩萨一边念动咒语，一边挥洒着蘸满甘露水的杨柳枝，人参树又恢复了嫩绿的生机。清风、明月两位仙童高兴得心花怒放，再数数树上的人参果，居然有二十三个。孙悟空解释道，当初的确打落了四个人参果，只是其中一个遇土而入，并没有吃到嘴。

为什么观音菩萨能够医活人参果树呢？因为观音菩萨是大慈大悲的象征。所谓慈悲心，就是我们常说的一颗与人为善的心，更准确地说，就是爱心与同情心。观音菩萨以慈悲济世为己任，自然知道善心与善报之间的哲学关系。这真是：“利己损人，世上多少争斗；利人利己，人间无限芳春。”

人参树既已复活，说明真情又回到了人间。镇元大仙呢，也欣然与孙悟空冰释前嫌，两个人手拉着手，结成了兄弟。

思考题

活泼型的人善于结交朋友，也有很多朋友，可大多是些热闹场中的酒肉朋友。只是在热闹过后，回头一想，除了过了一回嘴瘾，啥感觉没有，就跟猪八戒吃人参果似的。

说一说你对朋友的理解：什么样的人，才是真朋友？

第十四课 >>>>
从一级冲突到三级冲突

来了一个美貌贤淑的村姑

孙悟空请来观音菩萨，医活了人参树。镇元子满心欢喜，又吩咐两位仙童打下十只人参果招待客人。唐僧也捧着一只人参果，细细地品味了一回。味道究竟如何，当然只有吃人参果的人自己知道。

这人参果乃是善果。人活着既要独善其身，又要与人为善。可是，在我们还没有修炼出一双慧眼之前，我们怎么知道哪个是善、哪个是不善呢？

话说唐僧师徒告别了镇元子，继续向前赶路。这一日，走在巍峨险峻的白虎岭山区。四面望望，都是丛生的林莽和荆棘，只有蛇虫野兽出没其间，却看不见一个人影。唐僧就说："悟空啊，我肚子饿了。你能不能到哪里去化一碗斋饭来吃？"

好一个孙悟空，纵身跳上云端，四下观望。回来告诉师父说:“只见荒山野岭，寂无人烟，哪有地方化斋呢？倒是那南山之中，有一片熟透了的山桃，我去摘几只来给你充饥吧。”唐僧听说有桃子充饥，连声催促他快去快回。孙悟空便取了钵盂，飞身去了南山。

谁知孙悟空前脚刚走，白骨精后脚就来了。她怎么来的呢？变作一个美貌贤淑的村姑，左手提着一个青砂罐，右手提着一个绿瓷瓶，婀婀娜娜地走来。唐僧老远就看见了，叫道:“八戒，你看那边是不是来了一个人？”猪八戒说:“师父，让我去看看。”他迎上前去，原来是一位美女，顿时就被她迷惑得有些语无伦次了。

猪八戒叫道:“女菩萨，往哪里去呀？”你们看，他喊观音菩萨是女菩萨，喊这白骨精也是女菩萨。白骨精回答说:“我呀，是特意给你们送斋饭来的。”猪八戒欢天喜地，回头向唐僧报告说，来了一个赞助斋饭的美人。

唐僧问起美人的来历。美人自称是山西面的庄户人家。丈夫在山北坳里锄田，这青砂罐里是香米饭，绿瓷瓶中是炒面筋，是送给丈夫吃的午饭。现在既然有缘遇到几位长老，情愿献上这些食物，敬请师父笑纳。唐僧说:“既然是送给你丈夫吃的。你半道上送给我吃了，你丈夫又吃什么？”便不肯接纳。猪八戒却急不可待，一头把那罐子拱倒，张嘴就要吃。

孙悟空一打白骨精

就在此时，孙悟空捧着满满一钵盂山桃，已经从南山翻身回来了！他从天而降，落在唐僧面前，把美人吓了一大跳。唐僧慌忙扯住孙悟空说："不要吓着了这位女菩萨。"

孙悟空一双火眼金睛，盯着那美人看了又看，转头对唐僧说："师父，你面前这个女子，其实是个妖精，要来骗你哩！"唐僧说："你这猴头，瞎说什么！这女菩萨一片善心，要供斋饭给我们，你怎么反说她是妖精？"孙悟空冷笑说："老孙当年在水帘洞里做妖魔时，也曾玩过这种骗人的把戏。我若来迟，你必定中了她的圈套！"唐僧哪里肯信，只说是个好人。

孙悟空说："师父啊，想必是你被她的风骚迷住了，动了凡心。你若在心里爱慕她，我就给你们搭个窝棚，让你在这里与她圆房成家。我们师徒一场，再也用不着去取什么经，就此散伙，如何？"唐僧被他羞得耳根通红。说时迟，那时快，孙悟空举起金箍棒，照准美人劈头就是一棒。唐僧想要阻拦，已经来不及了。只见那美人仰头便倒，香消玉殒。

唐僧吓得心惊胆战，责怪孙悟空说："你怎么可以这么粗鲁，无故伤人性命？"孙悟空说："师父莫怪，你来看看，这罐子里是些什么东西？"唐僧近前看时，哪里有什么香米饭和炒面筋？青砂罐里是一罐子蛆虫，绿瓷瓶中蹦出几只青蛙、癞蛤蟆。唐僧有些半信半疑，猪八戒却气忿忿地说："师父，这个美人乃是送饭下田的农妇，怎么无缘无故地变成了妖怪呢？想必是大师兄怕你念紧箍咒，使了一个障眼法，故意把斋饭变作了这样恶心的脏东西吧。"

唐僧被他这么一唆嘴，果然念起咒来。孙悟空头痛欲裂，不住地哀告。唐僧于心不忍，便警告说："姑且饶你这一次。若是再犯，我就把这篇紧箍咒念上二十遍、三十遍，非痛死你不可！"

这是自孙悟空打杀六贼以来，师徒之间发生的第一次公开化的冲突。唐僧是一种典型的完美型性格，本来就寡言少语，感情隐藏不外露，尤其是在情绪紧张的时候，他会变得更加内敛。从前在观音院、黄风岭、流沙河、五庄观，尽管他对孙悟空的所作所为多有不满，却始终采取了克制的态度。因此，唐僧忽然变得如此强硬专横，几乎让所有的人都大吃一惊。

人际冲突中的伙伴关系

人与人之间发生冲突，就好像一朵浪花撞击另一朵浪花，是一种社会生活的常态。当一个人从正常行为转向冲突性行为，就能够很明显地反映出他的性格特征。

人们的正常行为是从容的，会根据人际关系的需要，做出适当的调整。可是，当冲突发生以后，当事人往往会本能地产生防范性反应，在行为上变得非常僵硬，甚至会不顾别人的愿望和感受，只图自己情绪的宣泄和一时的痛快。说话不顾后果，办事也容易走极端，唯我独尊，不肯退让。白骨精事件，就是这样一个非常有意思的案例。

不仅仅是在唐僧与孙悟空之间，在猪八戒与孙悟空之间也有冲突的发生。在正常情况下，像猪八戒这样的活泼型性格，总是喜欢营造一种轻松幽默的人际氛围。可是，当冲突爆发，活泼型的人以人为中心的社会取向，就会使得他们冲着对手展开谩骂、嘲笑、发泄怒气，肆无忌惮地发动人身攻击。如果他们无法冲着对手发火，他们就会另外寻找一个发火的对象。发完火以后，他们就轻松了。曾经看起来那么严重的事态，忽然变成了“没有什么大不了的”。

力量型的孙悟空意志坚强，即使在压力很大的情况下，也能很好地控制自己。力量型的人似乎永远是那么自信和百折不挠，以至于他们在冲突面前总是表现出专横的特点。可是，等到冲突进一步加剧，完美型的人就会一反常态，变得强硬专横起来，而力量型的人呢？却会令人意外地采取退让的态度。这就是力量型性格的自信，他们以为自己离开之后，事态将会失去控制，而所有的团队伙伴都会为此付出代价。他们以退为进，以证明自己的能力是多么不可或缺。

至于和平型的沙和尚，总是显得那样的平静和友好。在压力面前，有些人会表达愤怒，有些人会变得粗暴，但和平型的人却会倾向于息事宁人和避免正面的冲突。他在心底里未必同意你的观点，但他却会为了避免冲突而表示顺从。他表面像什么事也没有发生，和往常一样满面笑容。可是，只要仔细观察，你会发现他的动作变得机械了、笑容变得做作了。除非你把他逼急了，他是不会发火的。有一句俗语：“兔子逼急了才会咬人。”说的就是和平型的这种人。

白骨精事件发生之后，师徒四人之间的冲突可谓前所未有的激烈。为了一个妖精，不仅猪八戒在肆意辱骂他的大师兄，唐僧也是一反常态，大念紧箍咒。我们无法知道沙和尚深藏不露的心理动态，究竟是支持师父，还是同情大师兄。但依着孙悟空的性子，若不是头上箍着一道金箍儿，早已不顾一切，一走了之。

孙悟空三打白骨精

白骨精并没有死，她只不过留下了一具假尸首，真身却早已逃到了云端。一计不成，她便又生一计，翻身落在那前山坡下，摇身变作一个老妇人，手拄着一根弯头竹杖，一步一声地哭着走来。

猪八戒看见了，吃惊地叫道：“师父，不好了！这个满头白发的老妈妈肯定是来找女儿的！大师兄刚才打杀的，肯定是她的女儿！可怜哪！可怜哪！”力量型的孙悟空可不会被老妈妈可怜的假象迷住眼睛，他说：“兄弟莫要胡说！那女子十八岁，这老妇却有八十岁，难道她六十多岁还会生孩子吗？有些古怪，让我老孙去看看。”他的火眼金睛认得那十八岁的女子和八十岁的老妇是同一个妖精，便不由分说，照头就打。那妖精看见铁棒挥来，又故技重演，把一具假尸首扔在山路上，真身又变作一阵风逃得无影无踪。

孙悟空二打白骨精，使得他与唐僧之间的冲突继续升级。唐僧又是吃惊又是愤恨，便坐在路旁，把紧箍咒足足念了二十遍。可怜孙悟空，脑袋被勒得像个凹腰葫芦，疼痛难忍，不住地翻滚哀嚎。

唐僧说:“我刚才还嘱咐过你，不得行凶作恶。似你这样胆大妄为，我留你何用?”孙悟空说:“师父既然要赶我走，就请您把我头上的金箍儿松下来吧！想俺老孙五百年前在花果山称王称霸的时候，头戴紫金冠，身穿赭黄袍，腰系蓝田带，足踏步云履，手执如意金箍棒，是多么的英雄！如今跟你做了一回徒弟，总不能让我戴着这个金箍儿回去见故乡人吧?”唐僧说:“观音菩萨只是传授了我一篇紧箍咒，没有什么松箍咒。你且起来，我就再饶恕你这一次，却绝不允许你再犯凶恶。”孙悟空满口答应，扶着唐僧上了马，继续找路前行。

话说白骨精挨了孙悟空第二棒，并不善罢甘休，又摇身变作一个老公公，手拄龙头拐杖，颤颤巍巍地从那山坡下走来。猪八戒说:“师父，祸事来了！大师兄打杀了他的女儿，又打杀了他的老婆子，如今他来找人，我们如何交代呀?”孙悟空叫道:“呆子，不要瞎说。”他一双火眼金睛紧盯着那妖精，心想:“我若不打杀了他，就会在一不留神之间被他摄走了师父，岂不是麻烦?”便掣出金箍棒，不顾一切地冲上去，第三次棒打白骨精，把他着着实实地打死在山道上。

唐僧再次被吓得掉下马来，又坐在路旁的石头上，要念那篇紧箍咒。孙悟空慌忙拦住说:“师父莫念!您且先看看这妖精的本相!”原来,那老公公被一棒毙命之后,早已化作了一堆骷髅。

真相已经大白,但唐僧却并不相信。他满心愤恨地教训孙悟空说:“我不论他是不是个妖精,只论你的凶恶。你一连打死三人,可见你的本性凶恶到了什么程度。你回去吧,回到你的花果山去吧!”孙悟空满腹冤屈,只好向天悲叹说:“也罢!也罢!你既然屡次三番要赶走我,我若不走,反倒显得赖皮了!”便拜别了师父,扭身飞在云头,往花果山方向去了。

唐僧与孙悟空之间的对错

人们喜爱《西游记》中的孙悟空,却未必喜爱生活中的孙悟空,因为力量型的性格实在是因为太过霸道而不招人喜欢。可是,力量型的人是如此意志坚强,以至于他们能够在反对中成长。无论有多大的阻挠,他们是不达目的不罢休的。孙悟空三打白骨精,使得他与唐僧之间,从一级冲突升级到三级冲突,这个过程把力量型与完美型的性格互动表现得精彩纷呈。

有很多人评论说,唐僧一心向善,却不能明辨是非,让孙悟空受尽冤屈,实在是太不应该了。也有人说,唐僧未必真的错了,因为消灭敌人有两种办法:一种是以暴制暴,像孙悟空那样，一棒子把敌人打得粉身碎骨；另一种办法则是通过感化的力量，把敌人变成朋友。

然而，从故事的情节来看，唐僧错在不能明辨是非。不能明辨是非，就意味着他并不知道什么是真正的善，又怎么能够感化那个白骨精呢？至于孙悟空，以暴制暴的做法是欠考虑的，他是那样神通广大，完全可以尝试金箍棒之外的办法。

力量型的孙悟空是一个绩效主义者。他的速度确实太快了，慢条斯理的唐僧怎么跟得上来呢？而且，他的态度也总是那么强硬，很容易激起别人的反感。如果他能够慢一些，能够注重与伙伴们沟通，将会有助于赢得大家对他的理解。明明是一心除害，反而被师父和师弟误会，多么不值呀！

若是从管理学上讲，唐僧身为团队主管，所有的错都应该是他的错。唐僧错在哪里？不在于他受到了妖精的迷惑，也不在于他的是非不分，而在于他没能在团队的管理实务上建立一个有效的沟通平台。孙悟空三打白骨精，每一次上来就是一通善恶哲学，却不曾心平气和地与孙悟空交换过一次彼此的想法。

让我们对孙悟空说，白骨精并不可怕，没有必要那样紧张。也让我们告诉唐僧，孙悟空三打白骨精的方法也许不合适，但以后可以改。然而，如果他们不能学会彼此理解，如果他们不注意团队伙伴之间的沟通，他们就注定会因为矛盾重重而闹得四分五裂。

思考题

当冲突发生以后，当事人往往会本能地产生防范性反应。请问：

1. 在你的生活中，发生过这样的冲突事件吗？

2. 冲突的双方，在当时都有哪些表现？

3. 正确的做法应该是怎样的？

第十五课 >>>>

且看猪八戒怎么吹牛

猪八戒在梦里化斋

话说唐僧赶走了孙悟空，让猪八戒顶替了他的职务。要说这个猪八戒，倒是很会讨人喜欢，一路上总有让人听不完的故事、让人乐不完的笑话。但他最大的毛病是，容易在困难面前失去信心，而且责任心差，做事杂乱无章，典型的光说不练。

这一天，走在黑松林里，唐僧在马上叫道："八戒，我肚子饿了，你去化些斋饭来吧！"猪八戒说："师父请下马等候，老猪这就去为你化斋。"唐僧问："你准备到哪里去化斋？"猪八戒拍着胸脯说："你莫管，反正我就是钻冰取火、压雪求油也要为你化来满满一钵盂斋饭。"

谁知猪八戒吹起牛来是一套，做起事来又是一套。他怀里揣着钵盂，找了十几里地，也找不到一户人家，哪里化得到斋饭呢？猪八戒这才后悔了："大师兄在时，师父要什么就有什么。如今轮到我的身上，才知道柴米艰难。当初我为什么要唆使师父赶走大师兄呢？”又想道：“我且在草丛里睡上一觉再回去。要不，空着手回去那么早，必定被师父责骂。”一边想，一边把头拱在草丛里睡下，不一会儿就进入了梦乡。

唐僧左等右等，不见八戒回来，饿得头昏眼花。沙和尚说：“师父请稍坐，我去把二师兄找回来。”出了黑松林，沿着猪八戒的去路找过去。哈哈，看看这个肥头大耳的家伙，在草丛里睡得那么香，难道是在梦里化到了斋饭吗？

百花公主和她的妖魔丈夫

话说唐僧独自坐在黑松林里，十分闷倦，便又站起来，到四周散步。走着走着，忽然抬头看见一座宝塔，在夕阳的照映下，闪烁出万道光芒。他惊喜不已，连马匹、行李也不顾了，快步向着宝塔走去。来到了塔门前，掀开门帘正要进去，抬眼看见里面的石床上睡着一个青面獠牙的妖魔。唐僧大吃一惊，想要抽身退出，可哪里来得及？

只见那妖魔把眼一睁，叫声：“小的们，门外是什么人？”一个小妖伸头望门外一看，报告说：“是一个细皮嫩肉的和尚。”那妖魔呵呵笑道：“这不是送肉上砧板吗？给我拿下！”小妖们便一窝蜂拥上来，把唐僧绑了。

也是唐僧命不该绝，他遇到了一个妇人。这个妇人自称是宝象国的百花公主，被妖魔强占为妻，已有十三个年头。她又问了唐僧的来历，说："你竟然是取经的和尚，我可以救你出去。但你须得帮我捎一封书信到宝象国，给我的父王。"唐僧感激不尽，满口答应。

百花公主立即写下一封家书，交付给唐僧，又急忙出门，去召唤她的妖魔丈夫。那妖魔正在半天云里跟猪八戒、沙和尚厮打，听见召唤，急忙按落云头，回来问百花公主："娘子有什么话说？"百花公主说："我小时候曾经在梦里向一位金甲神许愿，要奉养那些苦心求道的和尚。今日被你抓获的这个唐僧，就请你放过他吧！"那妖魔便回头高声叫道："猪八戒，看在我家娘子的份上，我就饶了你家师父。你们师徒三个，赶紧往西方去吧，不要再来惹我的麻烦！"

唐僧劫后重生，遇着猪八戒、沙和尚，止不住一连声的哀怨。师徒三个急忙出了黑松林，上了大路，继续西行。走了二百九十九里，遇见好一座繁华的城市。向来往的路人一打听，嘿，还真是百花公主所说的宝象国。

且看猪八戒怎么吹牛

宝象国的国王欣然接见唐僧，问候说："你是从东土大唐来的高僧，此来不知所为何事？"唐僧启奏说："一来，为倒换通关文牒。二来，给陛下捎来了一封家书。"这通关文牒，相当于我们今天的护照；倒换通关文牒，就是入境到一个新国家，在那里办理签证。

国王验看了他的通关文牒，给他办理了签证，又问：“你给我从哪里捎来的家书？”唐僧就从袖中取出书信献上。国王急忙拆看书信，看得老泪纵横，泣不成声。哭了好久，哑着嗓子问两班文武：“请问各位爱卿，有谁愿意带兵出征，捉拿妖魔，救回我的百花公主？”连问数声，没有一人敢答应。

国王想了又想，回头又问唐僧：“大师一路西行而来，必然有些降妖除魔的手段。”唐僧说：“贫僧不会降妖，一路上全靠两个徒弟逢山开路、遇水架桥，才能到达这里。”国王一听，立即召见猪八戒、沙和尚，问道：“你们之中，有谁善于降妖除魔呀？”猪八戒不知天高地厚，张口答道：“老猪就会降妖除魔。”国王问：“你有什么本事呢？”猪八戒说：“我乃是天蓬元帅下凡，一路上数我最会降妖除魔。”你们看啊，兄弟三个，孙悟空不在，沙和尚又谦让，因此倒让猪八戒成了取经路上降妖除魔的第一高手。

国王说：“猪长老既是天将下凡，必然会变化神通。”猪八戒说：“我就变一个给你们看看！”来到殿外，卖弄手段，叫一声：“长！”身体顿时长了八九丈长，就像做广告的充气巨无霸一样，让宝象国的国王和他的大臣们看得呆了。殊不知活泼型的人都喜欢自吹自擂，云山雾罩的，让你摸不着头脑，不知道他是一个怎样的大人物。

镇殿将军又问道：“猪长老，像你这样长高长大，可以高大到什么程度呢？”猪八戒还在吹牛：“这要看风。东风犹可，西风也将就；若是南风起，把青天也能拱个大窟窿！”为什么要看风呢？这个风就是现场的气氛，如果现场气氛让他感到兴奋，吹起牛来格外来劲。

国王被他吹得满心欢喜，急忙给他敬上一盏御酒，说："只要猪长老捉得妖魔，救回小女，朕自有大宴相酬、千金重谢。"那呆子吹牛吹得豪情满怀，接过御酒，一饮而尽，然后对唐僧说："师父，您就在这里陪着国王，老猪捉妖怪去也！"说完便纵身跳到半空，踏云去了。

猪八戒临阵落逃

话说活泼型的猪八戒，自告奋勇，倒也不失为古道热肠。你看他带着沙和尚，气势汹汹地来找妖魔算账，俨然是胜券在握的模样。可是，别看他表面上轰轰烈烈，爱当主角，却未必能够善始善终。

那妖魔提着一把钢刀，出来问道："猪八戒，我已经饶了你家师父，你怎么又来捣乱？"猪八戒说："你霸占宝象国三公主的案子发了，我奉了国王旨意，特来擒你。你识相点，用绳子把自己绑了，免得我老猪动手！"那妖魔一听火冒三丈，大叫道："猪八戒，你好大的胆子，竟敢管我家的闲事！"提起刀来，照准猪八戒的脑袋就砍。猪八戒挥动钉钯，迎了上来。沙和尚也挥舞着宝杖上前来助战，三个人你来我往，噼里啪啦地打得好不激烈。

那妖魔也是恼羞成怒，因此格外凶狠。打了八九个回合，猪八戒渐渐心慌，对沙和尚说：“师弟，你先上前对付一阵子。老猪有些内急，方便方便就来。”他丢下沙和尚，自己临阵脱逃，跑到那僻静处，不顾头脸地往草丛里一钻，再也不敢出来。只留半边耳朵，听着外面的动静。可怜沙和尚，哪里是妖魔的对手，被那妖魔一把按倒在地，叫众小妖捆了，抬进洞去。

那妖魔已经拿住了沙和尚，又不由分说，抓住百花公主的头发，揪上前来审问沙和尚：“你说，是不是这个女人托你们给老国王传递书信，要你们来捉我的？”沙和尚心想：“当初是她救了我师父，如今我若是说出真相，她岂不是要遭受这妖魔的毒手？”便大声喝道：“你这妖魔，不得无礼！我们今日上门，是因为在宝象国倒换关文时，老国王与我师父说起公主的模样动静，这才知道你这妖魔做的好事。的确是老国王请我们来捉拿你的，却与公主无关！”原来，沙和尚虽然情感内藏、行动迟缓，却也富于同情心。他性格中的另一个优点就是，无论面对多大的压力，都能够保持冷静。如今他自己尚且性命不保，却能够沉着应对，三言两语，救下了公主。

那妖魔听了，果然信以为真，就丢了刀，双手抱起公主，向她赔礼道歉。忽然又说：“你虽然没有传递书信，但那个好管闲事的唐僧却甚是可恶。我今日也要到宝象国去，与他再会一次。”摇身变作一位神采奕奕的俊俏后生，大笑着出了洞门，腾云驾雾而去。

和尚变老虎

老国王看到这个俊俏后生，怎么也不能相信他是个妖怪，就奇怪地问他："三驸马，你家住何方？几时与我家公主婚配？怎么今日才来认亲呢？"妖怪回答说："我家住在城东三百里的碗子山波月庄。十三年前，我在打猎时从老虎嘴里救下了百花公主，也是郎才女貌，婚配至今。只因公主始终不曾透露身份，故而没有前来认亲。"说着说着，他看了唐僧一眼，又信口雌黄地诬陷说："没想到当年的那只老虎，如今已经修炼成精，变作了取经的和尚，到处招摇撞骗。"国王和唐僧都吃了一惊，那妖怪肯定地说："一点不错，这个唐僧就是老虎精变的。"

妖怪取了半盏清水，对大家说："你们看我如何让这个老虎精现出本相！"便念动咒语，含一口水喷了唐僧一头一脸，叫声："变！"慈眉善目的唐僧，顿时变成了一只斑斓猛虎，吓得满殿君臣魂飞魄散。几个武士，大着胆子，上前将那猛虎用铁绳拴了，关进了铁笼。

团队中少不了孙悟空

夜空中星移斗转，猪八戒也在草丛里醒了。他想起沙和尚，暗自有些惭愧，心里琢磨说："我如今势单力薄，不如回去跟师父商量，想个办法，再来救他。”驾云回到旅店，却找不见师父。找呀，找呀，他找到了马厩。那匹白马抬头看着他，忽然开口说话了。

原来，和尚变老虎的故事已经在到处流传。白马在马厩里吃草，隔着一堵院墙，把市民们的传说听得清清楚楚。猪八戒听了白马的叙述，惊得目瞪口呆。想当初师徒四人，虽然吵吵闹闹，倒也不失亲热。如今孙悟空回了花果山，沙和尚成了妖怪的俘虏，整天阿弥陀佛的唐僧也变成了铁笼中的老虎，只留下猪八戒孤身一人，怎么办呢？猪八戒无可奈何地对白马说：“既然到了这步田地，也别指望取什么经了，索性散了伙吧！你呢，哪儿草料好吃往哪儿去。我呢，还回高老庄去做女婿。”

白马泪眼汪汪的，一口咬住他的衣服不放，哀告说：“师兄啊，危难时刻，千万不能散伙。我们历尽千山万水才到得这里，一旦散伙岂非前功尽弃？若要救得师父，其实也不难，你只去请一个人来。”猪八戒问：“你要我去请谁？”白马说：“去花果山请大师兄孙悟空呀！”

猪八戒哑口无言了。他不得不承认，他确实无法替代神通广大的孙悟空。那猴子虽然霸道，可是有眼光，有魄力，行动果敢，不达目的决不罢休，每一次都能够解决困难，每一次都能够完成任务。事实证明，缺少孙悟空的团队，就是一支欠缺实干精神的团队，无论猪八戒怎样吹牛，都无法解决那些现实的困难。

智激美猴王

猪八戒无可奈何，只好乘一阵风云来到花果山。他看见孙悟空坐在高处的一块大石头上，面前有一千二百多只猴子，雀跃欢呼，好不热闹！猪八戒心里害怕，在猴群中躲躲闪闪，样子十分滑稽。

谁知孙悟空眼尖，要他抬起头来，说："你这个呆子，怎么是你？难道你也冲撞了师父，被师父贬了？"猪八戒说："师父没有贬我。是师父想你了，要我请你回去！"孙悟空冷笑说："他当初赶我走时，那样绝情，如今又派你不远万里来找我，莫不是遇到了天大的麻烦事？"猪八戒不好意思承认，就支支吾吾地说："确实是师父想你哩！"

孙悟空问："他怎么忽然想起我来了呢？"猪八戒情知隐瞒不住，就爽性承认说："师父变成了一只老虎，坐在铁笼子里想你哩！望大师兄念在师徒一场的情分上，千万救他一救！"孙悟空说："是怎样的一个妖魔，竟敢这样血口喷人？"猪八戒顺着竿儿就往上爬，将那妖魔的凶恶脸孔绘声绘色地描述了一遍。孙悟空问："你可曾向那妖魔提起过俺老孙的名头？"猪八戒被问得一愣。是啊，若不是白马开口说话，有谁会想起孙悟空来呢？

猪八戒也是急中生智，他知道孙悟空是个争强斗狠的角儿，就信口胡说道："若是一般的妖怪，一提大师兄的名头，自然不敢放肆。偏偏这个妖怪，根本不把你放在眼里。”孙悟空着急地问道：“他怎么不把我放在眼里？”猪八戒就学着嘴，说：“我警告这个妖怪说：‘妖怪，你不要无礼！我还有个大师兄，叫作孙悟空，他神通广大，小心他要你死无葬身之地！’那妖怪听了，却不以为然地冷笑道：‘孙悟空算个什么东西？他不来便罢了，他若有胆量来，我就剥了他的皮，抽了他的筋，把他的几根猴子骨头用油烹了吃！’”

孙悟空气得抓耳挠腮，叫道：“好个妖怪，这么大的胆子！我这就随你去，把他拿住，碎尸万段，看他还敢不敢骂我！”

妖怪一眨眼，美女变了脸

孙悟空跟着猪八戒，先来解救沙和尚。沙和尚大喜道：“大师兄，你真是从天而降啊！你可知道，我们离不开你呀！”孙悟空笑道：“现在才知道离不开我呀？当初师父赶我走时，你怎么一声也不吭呢？”沙和尚不好意思地说：“大师兄，君子既往不咎，你就不要让我难为情啦！”孙悟空知道自己重新得到了承认，心里自然暗自得意。当下吩咐猪八戒和沙和尚去宝象国挑战妖怪，他自己却在洞中变作百花公主的模样，等候妖怪回来。

妖怪看到沙和尚就发愣，心想：“他不是被我绑在洞里吗？难道出了什么变故？”也不敢恋战，慌慌忙忙地赶回了洞府，然后就看见百花公主在那里哭哩！

妖怪问：“老婆，你哭什么？”百花公主哭诉说：“猪八戒趁你不在，救走了沙和尚，临走时还踹了我一脚，踹得我心口疼哩！”妖怪说：“不打紧，你请起来，我这里有件宝贝，只在你那疼痛上面一抹，就不疼了。”便扶起公主，从口中吐出了一颗鸡蛋似的“舍利子内丹”。百花公主一把抓过那颗“内丹”，刺溜一下就吞进肚里去了。

老妖怪丢失了“内丹”，慌忙过来抢夺。百花公主手脚麻利，一把抓住了他的手腕，另一只手把脸一抹，现出本相，叫道：“妖怪，你看我是谁？”那妖怪一眨眼，只见百花公主的花容玉貌，已经变成了孙悟空那张长毛的猴脸，顿时吓得冒出一身冷汗，说道：“我好像有些认得你，你不就是五百年前大闹天宫的孙悟空吗？”慌忙喝令洞里洞外的群妖，把孙悟空团团围住。孙悟空毫无惧色，抖擞精神，摇身变作三头六臂，挥舞三根金箍棒，一路打来，把群妖打杀得干干净净。

回头打扫战场，独独不见了老妖怪。孙悟空想：“既然那妖怪认得我是齐天大圣，想必与那天庭有关。”便一个筋斗跳上南天门，到灵霄宝殿去找玉皇大帝理论。玉皇大帝急忙查找天庭的考勤，发现二十八星宿中的奎木狼，已经有了十三日的缺勤。天上一日，地上一年，原来奎木狼就是那个私自离开天庭霸占百花公主十三年的妖怪。

还原了和尚的本来面目

妖怪的身份既已查明，玉皇大帝立即命令在天上值勤的二十七星宿组建成天军，下界把奎木狼收回天庭。孙悟空也告别了玉皇大帝，赶往宝象国解救师父。

老国王见到百花公主，父女俩抱头痛哭，这才知道唐僧蒙受了天大的冤屈。众人一起来到朝房，只见那老虎看着孙悟空，一双虎眼里面竟然闪烁着晶莹的泪花。

孙悟空心中不忍，急忙吩咐猪八戒用紫金钵盂盛了一钵盂清水，含在嘴里，看着老虎破口就是一喷，便破了奎木狼的妖术。同样一碗清水，妖怪用它把和尚变成了老虎，孙悟空又用它把老虎还原成了和尚。

悠悠醒转过来的唐僧，心里又悔又愧，紧紧地抓住了孙悟空的双手。从此以后，他再也不愿离开这位能干的大徒弟。

思考题

1. 说一说，猪八戒让你印象最深刻的性格特点是什么？你喜欢他吗？为什么？

2. 学着猪八戒的口气，来一段《智激美猴王》的脱口秀。

第十六课 >>>>

葫芦里面有奥秘

谁是金角大王?

话说孙悟空重新回到了取经的团队，师徒四人同心协力，直奔西天。走着，走着，迎面又遇见一座大山。唐僧回头嘱咐徒弟们说：“这么高的山，你们可要小心啊！”孙悟空笑着回答：“师父啊，你怎么还有这样强烈的高山反应呢？《心经》不是说‘没有挂碍就没有恐怖’吗？你不用担心，一切都在俺老孙身上。”唐僧感叹说：“是啊，我什么时候能够消除这种高山反应，活得轻松一些呢？”

你们看看师徒俩的对话，反映出不同的性格。力量型的孙悟空，整天斗志昂扬。活泼型的猪八戒，到处找乐子。作为一个典型的完美型性格的人，唐僧却很容易担忧和悲观，总是情绪低落。

为什么会这样呢？因为每个人都是以自我为中心的。因为这种自我中心，唐僧喜欢自我反省，孙悟空喜欢自以为是，猪八戒喜欢自我吹嘘，而沙和尚则像一只永远充满警觉的兔子，表面上畏畏缩缩，其实自我保护意识非常强烈。

唐僧知道，孙悟空未必能够读懂《心经》，但他的确说得对，便鼓足勇气，认准道路，奋力登山。正在难行之处，绿莎坡上有一个樵夫高声叫道："上山的长老，我有一言相告。山里面有一伙妖魔，专门等着吃你们这群往西天取经的人哩！"唐僧听了，慌忙回头对徒弟们说："你们听见樵夫的话了吗？谁去问问他，究竟是一伙什么妖魔？"

孙悟空飞身上山，问那樵夫。樵夫告诉他，此山方圆六百里，名唤平顶山。山中有一洞，名唤莲花洞。洞里有一个金角大王、一个银角大王，早已画好了师徒四人的像，正等着拿他们当下酒菜哩！

这两个要拿他们当下酒菜的魔头，其实就是人的自我中心意识。

神秀与慧能的一桩公案

"我是谁？"这是一个很难回答的哲学课题。当我们与世界融为一体时，是没有"我"这个概念的。可是，只要你一问，这个"我"就出来了。这个"我"，就是个体的"我"，也就是我们常说的自我。

当我们从母体里面出生，开始有了自己的人生经历和知识积累，就会逐渐形成自己的价值观。所谓自我，就是这样一种自以为是的我，或者说，就是这样一种自我中心意识。“我”认为这件事是这样的，“我”认为那件事是那样的，我们每个人都是这样，把自己的认为当作是事情的真相。

中国佛教史上有一桩很著名的公案。在五祖弘忍门下，有一位大弟子神秀，自以为已经参悟了佛法，就在白墙上写下一首偈诗，云：“身如菩提树，心如明镜台。时时勤拂拭，勿使染尘埃。”谁知弘忍大师看了，竟然大失所望。为什么呢？因为从这首偈诗里面，可以看出神秀的价值观，换一句话说，可以看出神秀的自我。

什么是菩提树？什么是明镜台？什么是尘埃？按照神秀的价值观，菩提树就是好的，明镜台就是好的，尘埃就是不好的，既然有了尘埃，那当然就要拂拭。拂拭尘埃这个动作，反映出来的是神秀对当下的不理解、不满意和他对未来的期待。

在寺院做勤杂工的惠能，听到人们传唱神秀的偈诗，心里有所感悟。佛教告诉人们说，要活在当下，要热爱当下。既然如此，那么神秀对当下的不满意，就有悖于佛教的教义。于是，惠能也跟着创作了一首偈诗。他是个文盲，不会写字，就请别人代写了出来。他说：“菩提本无树，明镜亦非台。本来无一物，何处染尘埃？”

弘忍大师看了，暗暗称奇，觉得惠能虽然出身低微，却有超然物外的见识，真是一个了不起的觉悟者。他就把衣钵传授给了惠能，惠能于是成为五祖弘忍之后的六祖。

大多数人都是神秀，都活在对当下的不满和对未来的期待之中。就好像我们小时候，总在期待着自己的长大，等到一天天长大，一天天老去，这才发现自己错过的小时候是多么美好。

神秀的自我并非佛法，而是对佛法的误解。除非我们能够看破自我，我们才能够看到真实的当下，看到当下里面真实存在的美。

金角大王的第一个俘虏

与自作聪明的神秀相似，唐僧的担忧，也同样反映了他对当下的不理解和不满意。孙悟空就想："前面有一个莲花洞，洞里的金角大王和银角大王要拿我们当下酒菜。我要不要把这个消息如实告诉师父呢？告诉他吧，他一定害怕。不告诉他吧，又不知道以后究竟会发生什么变故。"想来想去，就有了一个主意："对了，让八戒先去探路。万一遇到妖怪，打赢了算他一功。如果运气不佳，被妖怪捉了去，俺老孙再去救他也不迟，也好趁机显示我的本领。"

于是，他一边向着师父走来，一边揉红了眼睛。猪八戒果然上当了，叫道："沙师弟，歇下担子，我们赶紧分了散伙！"唐僧听见了，喝道："走路走得好好的，瞎说什么？"猪八戒说："你没看见大师兄在哭吗？他是个钻天入地的好汉，连他也哭丧着个脸，可见妖怪多么凶狠！识时务者为俊杰，不如趁早散伙来得明智。"唐僧也慌了，迎着孙悟空问道："你怎么哭丧着个脸？吓唬我呀？”孙悟空说：“我吓唬您干吗？刚才报信的樵夫说了，这座山上的妖怪十分凶狠。我一个人恐怕打不赢他们，故而发愁呢！”唐僧连忙安慰他说：“别发愁，我把八戒、沙和尚都调拨给你来指挥。多两个帮手，岂不是多两成胜算？”

孙悟空等的就是这句话，一朝权在手，便把令来行，吩咐猪八戒前去探路。也是合该猪八戒倒霉，一出去就遇上了巡山的妖怪，成了银角大王的第一个俘虏。

为什么猪八戒是银角大王的第一个俘虏？这就说明，活泼型的自我中心意识是最强烈的，以至于他们走到哪里都要当主角。

沙和尚的晦气脸

老妖怪轻而易举地捉到猪八戒，知道唐僧师徒已经到了，便跳下山来，变作一个老道，摔断了腿，血淋淋地躺在路边，直喊救命。

唐僧急忙奔了过去，下马搀起老道，问道：“先生啊，你从那里来？怎么伤成这个样子呀？”老道说：“师父啊，此山西去，有一座清幽观宇，我是那观里的道士。前日我与徒弟两人到山南边一位施主家禳星，回来的路上遇着一只斑斓猛虎，徒弟被老虎衔去了，贫道在乱石坡上也摔断了腿。请师父大发慈悲，救我一命。”唐僧说：“我是一个和尚，理应有慈悲之心。既然遇见了，当然应该救你。这样吧，我把我的白马让给你骑。”那老道呻吟着说："我的腿伤成这样，怎么能够骑马呢？"唐僧想了想，对沙和尚说："要不，你把行李挂在马背上，来背他一程吧！"老道回头看着沙和尚，急忙摇头说："师父啊，我被老虎吓怕了，这位师父长着一张晦气脸，一样叫人害怕呀！"

沙和尚的那张晦气脸，反映的是和平型性格的消极和冷漠。和平型的人的口头禅就是："不过如此！"一片沙漠在他们眼里是"不过如此"，一座繁华的城市在他们眼里也是"不过如此"。他们活得像一口深沉的潭水，即使是很大的风，也只能吹起一层细小的水纹。所以，当妖怪遇到他们，无论有多么大的煽动力，也常常是拿他们没办法。

唐僧没奈何，只好叫孙悟空来背。老道一听，正中下怀。他早已认定孙悟空是个厉害的角色，要趁机施法困住孙悟空的手脚。孙悟空呢，也早就看出老道是个妖怪，却再也不像三打白骨精那样莽撞，而是将计就计，连声答应道："我来背，我来背！"

本来无一物，何处染尘埃？

走了三五里路，唐僧与沙和尚在前面已经转过了山坳。孙悟空落在后面，算计着要摔死这个老妖怪。谁知老妖怪来了个先发制人，把一座须弥山移在空中，来压孙悟空。孙悟空急忙把头一偏，用左肩把那座山扛住了，呵呵冷笑道："老妖怪，无论你用什么难题压迫老孙，老孙也能一肩扛。"

老妖怪恶狠狠地说:“你英雄，你能耐！一座山压你不住，来两座山如何?”又调来一座峨眉山。孙悟空把头一偏，又用右肩把那座山扛住了。他肩负两座大山，一路飞奔来追赶师父。那妖怪见了，大惊失色地说:“他还真有两下子，两座山也压不住他！”又念动咒语，搬来一座泰山压在孙悟空头上。可怜孙悟空只有两个肩膀，泰山压顶之下，再也支持不住，直累得眼睛发黑、七窍喷红，一个踉跄，轰然倒下，那三座大山便严严实实地把他压住了。

惠能大师不是说过吗？本来无一物，何处染尘埃？本来没有什么困难，那三座大山是从哪儿来的呢？还是因为孙悟空的自我中心意识在作怪。就像一个狂热的登山运动爱好者，为了一种高度，把山放进了自己心里。同样的，为了挑战困难，孙悟空也把困难放在了自己肩上。在困难面前顾盼自雄的孙悟空，终于被困难压倒了！

葫芦里面有奥秘

压倒孙悟空之后，老妖怪便一阵风地赶上唐僧，从云端里伸下一只大手，要来抓人。沙和尚急忙丢了行李，掣出降妖杖，奋力抵抗。两边各显本领，一时间风卷云飞，杀得天地一片昏暗。无奈沙和尚是个慢性子，一个破绽，就被老妖怪抓在了手里。那妖怪便一手抓着沙和尚，一手抓着唐僧，回到了莲花洞中，向他的哥哥金角大王报喜。

金角大王说："银角贤弟果然有本事，轻而易举地抓获了唐僧和他的两个徒弟。只是，银角贤弟呀，这个孙悟空神通广大，迟早会从山下面爬出来的。我们要抓了孙悟空，才得安心哪！"银角大王说："这有什么难的呢？我这就去把他装回来，不就得了吗？"原来，银角大王有一个装人的法器，叫作紫金红葫芦。

葫芦是一种藤蔓植物，也被用来称呼它的果实。脆嫩的葫芦，可以像瓠子、冬瓜一样入菜。等到葫芦长得老了，就可以把里面掏空，当作容器使用，可以用来装水、装酒、装药。现在，银角大王有一个紫金红葫芦，居然可以装人！从文学的象征意义上讲，这个紫金红葫芦其实就是你的自我。只要喊你的名字，你立即就会被它装了进去。

银角大王要做的事情很简单，只需要把紫金红葫芦拿在手里，喊一声孙悟空的名字，孙悟空就会立即答应。结果是什么呢？是嗖的一声，就把孙悟空装到葫芦里去了。

金角大王和银角大王抓了孙悟空两次，两次他都设法逃脱了出来，然后改换名字继续向两个魔头挑战。第一次抓的是"孙行者"，第二次抓的是"者行孙"，抓来抓去，连妖怪都慌了，怎么"孙行者"的弟弟层出不穷呀？

金角大王和银角大王不明白的是，力量型的孙悟空虽然也有自我中心意识，但他却是一个追求实效的人，而且又酷好变化，因此很难长时间被他的自我陷住手脚。

孙悟空呢，他不知道啊，名字只是一个自我的符号，无论他给自己取多少个名字，自我却只有一个。无论别人喊他的哪个名字，都会唤起他的自我意识。

人生的灾难与转机

聪明伶俐的孙悟空终于有了一个好主意。他偷了妖怪的葫芦，反转来以其人之道，还治其人之身。只见他一个筋斗跳到空中，把葫芦嘴儿对准妖怪，叫声："银角大王！"银角大王情不自禁地答应了一声，也同样是嗖的一声，被装了进去。金角大王急切之间赶来报仇，孙悟空重施故技，叫声："金角大王！"又把金角大王装了进去。只消一时三刻，两个魔头就都化成了脓水。

葫芦装人，应声而装，几乎没人逃得过紫金红葫芦的魔力。这就是我们每个人的自我。终其一生，我们好像都生活在这个自我的葫芦里面。

我们每个人，其实都是行走在路上的取经人。我们睁大着眼睛在世界上行走，但我们的内心却是黑暗的。我们害怕黑暗，所以才会虚构出一连串的理想和未来。我们自以为是地活着，活在我们自己虚构的那个叫作葫芦的幻觉里，并因此遭遇到一连串莫名其妙的伤害。我们在人生路上遇到的每一个骗子，都在用那个葫芦欺骗我们、伤害我们。

除非我们的自我中心意识消亡，我们的幻觉和灾难才会消亡。然后，我们才有可能回归到我们并不理解的这个当下，回归到我们从未见过的真实中来。

思考题

1. “终其一生，我们好像都生活在这个自我的葫芦里面。”请结合你自己的人生经历，谈一谈你对自我的理解。

2. 请一个同学喊你的名字，但你不要急于回答，而是要想：“那个名字是谁呢？”

第十七课 >>>>

愤怒是一个狂暴的小妖怪

有个小妖怪，挂在松树上

话说唐僧师徒西来，又有一座大山拦住去路。只见危岩生白云、深涧出浓雾，山势好不险恶。四个人正在惊疑不定，山坳里又升起一朵火云，直冲九霄。孙悟空慌忙把唐僧抱下马来，叫道："兄弟们，小心妖怪。"慌得猪八戒掣出钉钯，沙和尚抡起宝杖，把唐僧围护在中心。

过不一会儿，火云随风散去，又是一片朗朗晴空。孙悟空说："想来是个过路的妖怪，已经去了。请师父上马，继续赶路吧！"众人松了一口气，都以为是一场虚惊。却不料那妖怪并非过客，而是这山中的大王，他眼见唐僧有三个徒弟保护，知道不能力敌，只好散了火云，要来智取。

唐僧骑着马，嘚嘚地走着，忽然听见有人叫喊："救命啊，救命！"急忙策马赶过去，只见一个顽童，头上扎着两个总角，浑身赤条条的，被麻绳捆了手足，高吊在松树枝头。唐僧就在树下问那小孩："你是谁家小公子？怎么被吊在树上呢？"小孩说："我叫红孩儿，家住山西十几里地的一个村庄。因为遇到土匪打劫，父亲已经惨遭不幸，母亲也被掳走。我原来和母亲在一起，只因我一路哭号，土匪又要杀我。多亏母亲苦苦哀告，土匪便将我吊在这里。恳请师父大发慈悲，救我回去。"唐僧吩咐猪八戒用戒刀挑断绳索，放了小孩。唐僧说："小公子，你上马来，我顺路送你回去。"那小孩说："师父啊，我手脚都被吊麻了，哪里还经得起马上的颠簸呢？"唐僧便叫猪八戒过来背他，他嫌猪八戒身上猪鬃扎人，只是不肯。沙和尚长着一张晦气脸，也不肯。唐僧便又叫孙悟空过来背他。

孙悟空暗自苦笑："怎么每次都要我来背妖怪呢？"在现实的团队生活中就是这样，无论有什么大事难事，通常不会找夸夸其谈的活泼型的人，也不会找畏畏缩缩的和平型的人，事情往往就落在了敢于担当的力量型的人身上。

愤怒就是一个狂暴的妖怪

孙悟空背上的这个红孩儿，其实是一种愤怒的情绪。在此之前，唐僧师徒看到那一团火云，其实就是人们常说的发脾气。

有一个小偷，作案时被人发现，急切之间杀了人，遭到追捕，只好逃进一片荒无人烟的大森林，在山洞里躲藏了二十年。二十年来，他都是在极度的恐惧中度过的。为了表示忏悔，他多年来连一只野兔也不愿伤害，始终以野菜、山果为食，过着苦行僧般的生活。

他的自苦，最终感动了一位高僧。高僧来到山洞，告诉他说："二十年前，被你伤害的那位女人并没有死。她现在活得很好。"

小偷很震惊地问："真的吗？"高僧回答说："当然是真的。"他告诉了小偷一个地址，让小偷自己去验证一下。

傍晚，小偷回来告诉高僧，她确实还活着。

高僧非常高兴："现在，你终于可以轻松了吧？"

"不！"小偷面色沉郁地说："我为二十年来受过的苦难感到愤怒，一气之下，我这次真的把她杀了！"

愤怒就是这样一个狂暴的妖怪。每当人们怒上心头，就会大光其火，丧失理智，不计后果，就好像孙悟空背上的那个红孩儿。

牛魔王和他的儿子

现在，孙悟空背着的就是这样一个小妖怪。好在他前次背过银角大王，因此有些经验。只看着师父和两位师弟在前面转过了山坳，他便奋力抓起红孩儿，欲将其在山路上摔得粉身碎骨。

但是，孙悟空错了。愤怒是摔不死的。当你面对一个愤怒的人，你怎么也不可能摔死他的愤怒。摔死的那个红孩儿，不过是妖怪的假身。他的真身早已跳在空中，心头越发火大，顿时刮起好大一阵狂风，飞沙走石，令人低头掩面，不能睁眼。等到风沙过去，唐僧已经被妖怪掳回了洞中。

兄弟三个满山遍野地寻找，也不见师父的踪影。孙悟空急了，唤来土地神和山神，询问那红孩儿的身份。土地神告诉他，红孩儿是有来头的：他的父亲就是大名鼎鼎的牛魔王，母亲则是孙悟空后来过火焰山时遇到的铁扇公主。

说起牛魔王，孙悟空并不陌生。话说孙悟空大闹天宫的时候，曾经结交过七兄弟，包括平天大圣牛魔王、复海大圣蛟魔王、混天大圣大鹏魔王、移山大圣狮狔王、通风大圣猕猴王、驱神大圣㺄狨王，再加上孙悟空自己——齐天大圣美猴王。七兄弟各有来头。论起排行，牛魔王还是大哥。

牛魔王是个什么来头呢？原来，佛教谈及修身养性，不仅有心猿意马之论，也常常用到牛作比喻。例如普明和尚谈牛说心，他把心性的修养，比做牧牛，从一头野牛修到物我两忘，分为下面十个步骤：

第一是“未牧”，好比恣意咆哮、随意践踏禾苗的野牛。

第二是“初调”，野牛被穿上了鼻子，可以随着人意牵着走。

第三是“受制”，野牛开始习惯于被牵着鼻子走，不再乱来了。

第四是“回首”，牛儿癫狂的心境变得柔顺了，虽然偶尔也要拉拉绳子，但它已经相当听话了。

第五是“驯伏”，可以把绳子挽在牛儿的角上，任它自由地吃草。只是要注意它一不小心越过草地，去偷吃别人的庄稼。

第六是“无碍”，牛儿在牧场上吃草，却再也不会乱跑了。

第七是“任运”，牧童可以放心睡大觉。

第八是“相忘”，牧童与牛两相忘，牧童不再担心牛儿，牛儿也能够在心灵的牧场上自由地吃草，各自享受着这芳草斜阳的美好时光。

第九是“独照”，到了无牛的境界，人的所有妄念都已消除，只有一轮红太阳挂在心灵的天空，那么高远，那么温馨。

最后是“双泯”，则人也不见，牛也不见，已经进入“空”——超我的境界。

在这个比喻里面，牛魔王其实就是一头“未牧”的野牛，任性、蛮横而又狂暴。有其父必有其子，红孩儿也是动不动就乱发脾气。

势若奔马的怒火

孙悟空既然知道红孩儿的身份，就找上门去，向他讨要师父。红孩儿手持一杆丈八长的火尖枪，跳出门来，厉声问道：“你是我的什么人，我为什么要把唐僧还给你？”孙悟空说：“五百年前，我跟你的父亲牛魔王就是结拜的弟兄。论起辈分，你应该管我叫叔叔。你不会跟我这个叔叔过不去吧？”看看，孙悟空也是天真。当一个人愤怒的时候，是绝对不会跟你讲道理、论交情的。

只见那个粗暴、刁蛮的小魔王，根本就不相信孙悟空，大骂孙悟空满口胡吣，挺着火尖枪就刺了过来。孙悟空也吃了一惊，闪过枪头，抡起金箍棒，骂道："你这小畜生，不识高低！看棒！"那红孩儿也闪身让过铁棒，也还嘴骂道："你这泼猴，不识时务！看枪！"双方都是满腔的怒火，没头没脸地乱打，从地上打到空中，打得难解难分。

眼见得那妖精只有招架之力，猪八戒又举着九齿钉钯，照准妖精的脑袋一钯挖来。那妖精见势不妙，拖着枪就败下阵去了。孙悟空哪里肯放，也紧紧追了过去。

兄弟两个赶到洞口，那红孩儿也回头敌视着他们，一副咬牙切齿的模样，十分恐怖。只见红孩儿忽然两拳捶在自己的鼻子上，两道鲜血就从鼻孔里流了出来，用手一抹，满脸都是血红。孙悟空和猪八戒大眼望小眼，不知道他要弄什么古怪。只见红孩儿忽然又念了个咒语，口里喷出火来，鼻子里浓烟迸出。一时间火气腾腾，浓烟滚滚，烟火顿时迷漫了整个山谷。兄弟两个见势不妙，慌得四处逃散。那烟火势若奔马，竟将孙悟空撵出了好几百里。

愤怒就是这样，让人变得面目狰狞，就像红孩儿，撒泼放赖，满脸都是血红。至于那一团势若奔马的烟火，更是令人退避三舍。科学家们发现，愤怒是人类最难控制的情绪，愤怒的人常常会在内心演绎一套言之成理的独白，最后发展成发泄怒气的合理借口。因此，愤怒往往有着一股自以为理直气壮的力量，以至于可以慷慨激昂、横扫一切、玉石俱焚。

火上浇油

看到孙悟空和猪八戒的狼狈样子，沙和尚却倚着松树笑得呆了。和平型的人最令人称道的优点之一，就是在风暴之中仍然能够保持冷静。当愤怒像火山一样爆发的时候，力量型的人在攻击、活泼型的人在尖叫、完美型的人在歇斯底里，只有和平型的人会冷静处世。他没有被情绪冲昏头脑，对愤怒也无动于衷。他会首先避开锋芒，退一退，等一等，然后选择一个正确的方向。

孙悟空就问沙和尚说："兄弟，你笑什么？"沙和尚说："我笑你们慌了手脚，却忘了相生相克的道理。"孙悟空一听，叫道："对呀，火怕水克，我到龙王那里去借些水来，看那红孩儿有多少火气不能扑灭！"

好个孙悟空，说到做到，一个筋斗便去了东海。请来了四海龙王，要他们在半空中候着。孙悟空自己先到火云洞，喊那妖怪出战。红孩儿仰面笑道："你这猴子，上次不曾烧死你，这次非把你烧个皮焦肉烂不可！"孙悟空冷笑道："你好大的口气！"双方大叫一声，金箍棒与火尖枪便乒乒乓乓地打在了一起。

你来我往战斗了二十回合，那红孩儿眼见不能取胜，虚晃一枪，抽身又把鼻子捶了两下，满脸血红地喷出火来。一时间火光冲天，黑烟飞腾。孙悟空急忙回头叫道:“龙王何在?”那龙王兄弟率领众水族，从空中倾下瓢泼大雨。谁知小妖怪喷出的并不是人间的烟火，而是三昧真火，被这雨水一浇，竟似火上浇油，倒是越发烧得激烈。

火光中，孙悟空又急又气，竟不避烈火，反而一头钻入火海，要找妖怪拼命。红孩儿见他来到面前，猛地一口浓烟喷在他的脸上。孙悟空只觉得眼花缭乱，脑袋肿痛，全身又痒又燥，急切之间不顾一切地跳入了涧水中。谁知被冷水一激，弄得火气攻心，一口气接不上来，昏死了过去。

许多人都有过类似孙悟空的遭遇。准备了一大桶凉水，指望能够让那个发火的家伙冷静冷静，谁知那家伙反而暴跳如雷，一口怒火呛得你急火攻心。

观音菩萨的法宝

很早以前，人们就认识到愤怒是一种毁灭性的力量，不仅会破坏你的理性思考能力，而且会使得你的人际关系受到伤害。为了平息愤怒，人们尝试了许多方法，例如冷却、转移注意力、独处、逃避、宣泄。但这些方法是否有效呢？未必。

例如孙悟空使用冷却法，不仅没有平息愤怒，反而火上浇油，惹起了更大的愤怒。所以，这些方法的有效性是不确定的，即使有作用，往往也是短期的。那么，有什么好办法能够干干净净地消除我们内心的愤怒和愤怒所可能造成的危害呢？孙悟空被猪八戒救醒之后的第一个念头，就是到南海去找观音菩萨。

观音菩萨用了三件法宝来降伏红孩儿。第一件法宝是她手中的净瓶，第二件法宝是向托塔天王李靖借的天罡刀，第三件法宝是如来佛交给她的金箍儿。

净瓶中盛放的净水，洒向人间就是甘露。平时，观音菩萨不过是用杨柳枝蘸水轻洒，润泽天下苍生，这一回却带来了整整一个海洋。距离火云洞大约四百里地的时候，菩萨停了下来，叫来土地神和山神，吩咐他们把周围三百里的生灵野兽全都送到山顶上安生。然后，她放倒净瓶，眼前顿时变成了一片汪洋大海。可见愤怒的危害之烈，竟至于需要一片海洋的关怀。

天罡刀是向托塔天王李靖借的。李天王是天庭的护法神，天罡刀也就相当于天庭的执法工具。观音菩萨把三十六把天罡刀握在手中，往空中一抛，念个咒语，三十六把天罡刀便化作一座千叶莲台。

至于金箍儿，原来有三个：孙悟空头上戴了一个；路过黑风山时，又给熊罴精戴了一个；最后这一个，就是专为这个“愤怒”的小妖怪准备的。

从红孩儿到善财童子

观音菩萨准备妥当，在孙悟空的左手心上写了一个“迷”字，要他去引红孩儿出来。孙悟空来到火云洞叫阵，红孩儿挺着一杆火尖枪，杀将出来。孙悟空避过锋芒，只把左手在红孩儿面前一晃，红孩儿便着了迷乱，不顾一切地追了上来。

追着追着，孙悟空忽然不见了，只见观音菩萨一脸端庄，坐在莲花台上。红孩儿怒睁圆眼，厉声问道："你是孙猴子请来的救兵吗？"菩萨无限慈爱地看着他，没有答话。红孩儿不耐烦了，大声喝道："我在问你话哩，你哑巴了吗？"菩萨还是没有答话。红孩儿怒火中烧，挺起火尖枪直向菩萨刺来。菩萨一道金光走了，却把莲花台留在那里。

红孩儿得意忘形地笑道："什么草包菩萨？竟然被我一枪刺得无影无踪！这座千叶莲台，还是留给我来坐吧！"也学着菩萨的模样，盘手盘脚地坐在莲台当中。

菩萨在半天云中微微一笑。莲台上的花瓣忽然不见了，变成了一把把锋利的尖刀，扎破了红孩儿的两条大腿。红孩儿慌忙用手去拔，菩萨轻声念了个咒语，天罡刀的刀尖都变成了倒钩，哪里拔得下来？我们每个人都是这样，做了错事，就会受到"天罡刀"的惩罚，除非悔过，那"天罡刀"是拔不下来的。

红孩儿被天罡刀扎得痛不欲生，声声哀告："菩萨啊，您就饶了我吧，我再也不敢胡作非为了！"菩萨问："你可愿皈依佛门，一心向善吗？"红孩儿连连点头，直呼愿意。菩萨说："你既然愿意，就在我门下做一个善财童子吧！"把手一抬，三十六把天罡刀纷纷飞起，都落在菩萨手中。红孩儿起身看看自己，竟然完好无损。

谁知那红孩儿好了伤疤忘了疼痛，以为菩萨好欺，逞着一股野性又挺枪刺来。菩萨从袖中取出金箍儿，迎风一晃，变做五个，向着红孩儿抛去。一个套住他的脑袋，剩下四个分别套住他的左右手和左右脚。接着，菩萨念动咒语，红孩儿顿时觉着全身连心彻骨的疼痛，直痛得满地打滚。

为什么孙悟空和熊罴精只需要套一个金箍儿，而红孩儿连手脚都要被套起来呢？这是因为人在愤怒之中，除了会口不择言地乱骂之外，还常常会出现一些粗鲁的行为，例如打架、毁坏物品，甚至于自残。本来一个人好好的，在愤怒的作用下，打、砸、抢之类的暴力行为全都出来了，不管管怎么行呢？

菩萨一住口，红孩儿就不疼了。他看看菩萨，又看看孙悟空，心中依然忿忿不平，冷不防地又拣起长枪，向着孙悟空一阵乱刺。孙悟空慌忙闪身躲过。菩萨喝道："休得无礼！"用杨柳枝蘸了一点甘露洒过去，叫了一声："合！"只见红孩儿双掌合在胸前，怎么使劲儿也分不开来。民间传说"童子拜观音"的形象，就是红孩儿双手合掌的这个模样。

就这样，红孩儿便只好皈依了善道，做了菩萨的善财童子。

故事中的深意

红孩儿是愤怒的象征。象征着谁的愤怒呢？不是别人，是我们自己的。红孩儿居住的火云洞，其实就是我们的肝脏。红孩儿喷发的烈火，其实就是我们的肝火，俗称"发脾气"。

愤怒就好比一个任性的坏小孩，它是残酷的，也是丑陋的。一个成熟的人，必然不是这样的。成熟意味着观音菩萨所象征的爱。只有那种爱的力量，才能够理解和转化你的愤怒，把你的红孩儿转化成善财童子。

看看观音菩萨的三件法宝。第一件是净瓶，里面永远都充满着纯净的爱。第二件是天罡刀，象征着这个世界的法则：我们若是做得好，它就是一座祝福我们的千叶莲台；若是任性胡来，做得不好，它就会扎得我们遍体鳞伤。第三件是金箍儿和紧箍咒，那就是我们做人处世的纪律。

我们常常说的自律，从管理学上讲，就是管理自我的能力。当我们能够有效地管理自我时，就意味着我们已经实现了自由。

弱者才会愤怒

从自我管理能力上讲，容易愤怒的人其实是可怜的弱者。当一个人连自己都管不住，那他还有什么能力去管理别人呢?

有一则相当经典的佛教故事说，有一个好勇斗狠的武士，向老禅师询问天堂与地狱的意义。老禅师故意轻蔑地对他说："你是一个粗鄙的武夫，我可没有时间跟你这种人论道。"武士恼羞成怒，拔剑大吼："老秃驴，看我一剑杀死你！"禅师平静地笑了，告诉他："这就是地狱。"武士恍然大悟，一个容易愤怒的人，无异于经常受到地狱之火的焚烧，根本无法享受到人与社会、人与自然之间的和谐之美。

于是，武士重新调整了自己的心态，和颜悦色地纳剑入鞘，向老禅师深深鞠躬，感谢他的指点。老禅师又笑着告诉他："这就是天堂！”

弱者才会愤怒，唯有强者懂得温柔——让我们学会听故事，并且牢记故事中的深意。

思考题

1. 为什么说“愤怒是一个狂暴的小妖怪”？

2. 红孩儿喷发的烈火，其实就是人们常说的发脾气。请回忆爸爸、妈妈或者某个同学发脾气的样子，然后再想一想：等到他们下一次发脾气时，你应该怎么做？

第十八课 >>>>

火焰山与芭蕉扇

火焰山，是一座什么山？

唐僧师徒离了火云洞，继续西行。让他们万万想不到的是，前头刚刚降伏了红孩儿，接着就遇到了火焰山，以致不得不求助于红孩儿的母亲——铁扇公主。

为什么要求助于铁扇公主呢？因为火焰山纵横八百里，烈焰熊熊，寸草不生。老百姓为了生活，只能到一千四百五六十里外的翠云山去乞求铁扇公主。铁扇公主有一把芭蕉扇，一扇熄火，二扇生风，三扇下雨，老百姓就抓紧时间播种，及时收割，总算能够收获一些五谷，聊以养生。

我们知道，红孩儿的父亲牛魔王是有来头的，红孩儿自己也是有来头的，铁扇公主是牛魔王的太太、红孩儿的妈妈，自然也不是什么无名之辈。那么，这铁扇公主与火焰山之间有什么渊源呢？我们先来了解一下火焰山的奥秘。

火焰山的地理原型，位于吐鲁番盆地中北部，全长只有约一百公里。远远望去，这座由红砂岩构成的山脉，恰似一条火龙。每到夏季，这里就是全中国最炎热的地方，最高气温能达到47.8℃，地表最高温度达到70℃以上，自然是寸草不生。把鸡蛋埋在沙窝里，一会儿就可以烤熟。

《西游记》用文学语言把火焰山改写成了心理上的火焰山。书中交代说，孙悟空当年大闹天宫，一脚踢翻太上老君的八卦炉，其中有一些炭火洒落到人间，就化作了火焰山。八卦炉中的炭火，原来是用来炼丹的，相当于日本企业家稻盛和夫所说的“追求成功的热情”。可是，丹没有炼成，炉中的炭火却演变成了一种亚健康状态——焦虑。对于追求成功的人们而言，焦虑的确是一种相当严重的心理障碍，仿佛横亘在取经之路上的火焰山。

在我们今天这个繁华的现代社会，焦虑症早已是一种非常普遍的心理疾病。高期望值的欲念，不仅制造了生活的忙碌，同时也伴生了无尽的焦虑与恐慌。

如果我们把这种焦虑带到工作中来，对于工作的消极影响是可想而知的。那些本来可以轻而易举地完成的工作任务，就因为焦虑，看起来就显得困难重重。尤其是团队主管的焦虑，会使得整个工作环境都变得惊恐不安，成为每一个团队成员的灾难。

一个名叫“情绪”的女妖

那么，铁扇公主与焦虑症又有什么关系呢？故事说，她有一把芭蕉扇。芭蕉扇是用来扇风的。这个风，比喻的是人的情绪。情绪好，就是好风，清凉如水。情绪不好，就是狂风大作。原来铁扇公主，就是这个名叫“情绪”的女妖。

你们看啊：牛魔王是一颗狂野不羁的“心灵”，铁扇公主是一种捉摸不定的“情绪”；还有红孩儿，一个像吃了枪药似的“愤怒”儿子。这一家子，是不是个个都有性情、个个都不好惹？

孙悟空听说铁扇公主是红孩儿的妈妈，大惊失色，心中暗想：“这才真是冤家路窄啊！”想了又想，“要过火焰山，须求铁扇仙”，怎么办呢？即使是神通广大的孙悟空，也得正视这个现实，只能硬着头皮去求铁扇公主。

那铁扇公主听说是孙悟空求见，就好像一撮盐落进了火炉，情绪立马就起来了，恶狠狠地骂道：“这个泼猴，今日也会有求于我吗？”急忙穿戴好披挂，提着两口青锋宝剑，怒气冲冲地出得门来。

孙悟空急忙上前躬身施礼，说道：“嫂嫂，老孙在此劳烦你了！”铁扇公主冷笑说：“谁是你的嫂嫂！”孙悟空说：“老孙与牛魔王是结义的兄弟，公主当然就是俺老孙的嫂嫂！”铁扇公主质问道：“你这泼猴！既然把我叫嫂嫂，为什么要坑害我的儿子呢？”孙悟空满脸赔笑说：“嫂嫂错怪老孙了。是你儿子要吃唐僧肉，捉了我的师父，老孙与他争斗，也在情理之中。如今他做了观音菩萨驾前的善财童子，受了菩萨的正果，你怎么反说是我坑害他呢？”铁扇公主说：“他名为善财童子，实则形同囚犯，怎么不是你坑害他？”孙悟空解释说：“那是菩萨在教他规规矩矩做人，可不是让他做囚犯。”

铁扇公主说：“我不跟你要嘴皮子。伸过头来，让我砍上几剑，若是受得住疼痛，就借扇子给你！”孙悟空仍然是一脸的笑容，回答说：“要是嫂嫂砍上几剑就能消气的话，就请嫂嫂尽情地砍吧！”铁扇公主便不容分说，双手抡起宝剑，照准孙悟空的脑袋乒乒乓乓地砍了十几下。那孙悟空铜头铁身，啥事儿没有。铁扇公主害怕了，回头就要走。

孙悟空喊道：“嫂嫂，且慢走！你的扇子还没借给我哩！”铁扇公主说：“我的宝贝，怎么能够说借就借呢？”孙悟空叫道：“嫂嫂既然要赖，俺老孙就不客气了！”从耳朵里掣出金箍棒，呼呼生风地打了过来。铁扇公主慌忙回头举剑相迎。孙悟空的金箍棒重，铁扇公主自然不是对手，她便瞅了个空子，从嘴里取出芭蕉扇，晃一晃，变得大大的，一扇子把孙悟空扇得无影无踪。

那孙悟空就像被狂风席卷的枯叶，在天空中飘飘荡荡飞了一夜。直至次日天明，奋力抱住一块石头，这才停落在小须弥山上。孙悟空长叹一声，叫道：“好一个厉害的妖女！一阵风就把老孙吹了几万里之遥！”

八风吹不动，一屁过江来

说到“风”的力量，宋朝大诗人苏东坡是最有体会的。话说苏东坡写了一首诗：“稽首天中天，毫光照大千。八风吹不动，端坐紫金莲。”写完以后，看了又看，自我感觉很得意，就派遣书童乘船过江，送给金山寺的佛印禅师。为什么要送给佛印禅师？一为分享，二为炫耀。

佛法所说的“八风”，指的是“利、衰、毁、誉、称、讥、苦、乐”。“利”，就是名利。“衰”，通俗地说，就是逆境。“毁”与“誉”，就是人们在背后对你的毁谤与赞誉。“称”与“讥”，就是别人当面赞美你或嘲笑你。还有，“苦”就是苦难，“乐”就是享乐。“八风”一动，我们的情绪也跟着动。倘若你能够修炼到不为“八风”所动，那就说明你有定力，用管理学的话讲，就是你的自我管理能力很强。

佛印禅师读到苏东坡“八风吹不动”的大作，提笔就批了一个字，让书童带回去。苏东坡一看，只见上面批了一个斗大的“屁”字，不禁无名火起，立即乘船过江来找禅师理论。船快到金山寺时，禅师早已等候在江边，迎着苏东坡呵呵大笑道:“你不是说‘八风吹不动’吗？怎么一个‘屁’就把你吹过江来了呢？”

苏东坡听得一愣，顿时脸都红了。这个“屁”字，就是“八风”之一的“讥”。佛印一个“屁”就把苏东坡吹过江来了，可见“风”力之厉害。后来，有好事者便将这件趣事编成一副对联，云:“八风吹不动，一屁过江来。”

在铁扇公主的肚子里

孙悟空跟苏东坡一样，需要的就是定力。他在小须弥山坐了好久，想起这里住着一个熟人。谁呢？帮他降伏过黄风怪的灵吉菩萨。可巧，灵吉菩萨那里就有定风丹。孙悟空服用了定风丹，任凭铁扇公主如何舞扇弄风，他也能够镇定自若、稳如磐石。

铁扇公主一连扇了七八扇子，孙悟空依然纹丝不动。铁扇公主见势不妙，急忙收了扇子，转身回了芭蕉洞，把洞门紧紧地关住。孙悟空微微一笑，摇身变做一只飞虫，跟着从门缝里飞了进去。

铁扇公主气得唇干舌燥，回到洞中，抓起碗来就要喝茶。孙悟空身手敏捷，飞身藏在茶水的泡沫里，被铁扇公主一口咽下。接着，孙悟空就在铁扇公主的肚子里叫道："嫂嫂，请你还是把扇子借给我吧！"

孙悟空钻进了铁扇公主的肚子，把她的五脏六腑看得清清楚楚。这是一个非常好的比喻，说明孙悟空对情绪这个怪物已经非常了解了。铁扇公主就慌了，叫道："孙悟空，你可不要乱来呀！"孙悟空说："我要的是扇子，怎么会乱来呢？"铁扇公主问："我要是不给呢？"孙悟空笑道："你要是不给，会肚子疼的。"说着把脚一蹬。铁扇公主顿时一声尖叫，剧烈的疼痛使得她一屁股跌坐在地。

这就是力量型的孙悟空，他习惯于对抗，而不是采用和解的方式解决问题。孙悟空在里面拳打脚踢，把个铁扇公主疼得死去活来，直叫："孙叔叔饶命！"孙悟空说："我要你的命干什么？我要的是芭蕉扇。"铁扇公主只好满口答应："我给，我给，你出来拿吧！”孙悟空便要铁扇公主张大嘴巴，“嗖”的一声跳了出来，把芭蕉扇抢在手中，叫道：“谢借了！等我扇熄了火焰山，准保把扇子还给你！”

真假芭蕉扇

孙悟空来到火焰山前，举起芭蕉扇，奋力一扇。没想到山上的火焰“腾”地一声，越发跳跃了起来。再一扇，火势更大了百倍。孙悟空不服气，双手抡起芭蕉扇，又是奋力一扇，那火苗竟跳起千丈之高。孙悟空措手不及，两条腿上的毫毛都烧焦了，慌得他扔了扇子，一个筋斗滚出老远。

怎么办？孙悟空坐在那里发愁。火焰山的土地神出现了，告诉他说，铁扇公主给他的那把芭蕉扇是假的，如果想要得到真正的芭蕉扇，就应该去找铁扇公主的丈夫牛魔王。于是，孙悟空吩咐猪八戒、沙和尚保护好师父，又一个筋斗去了积雷山，找牛魔王去了。

铁扇公主的那把假扇子，是一段很有意思的公案。面对焦虑，我们有两把扇子可以使用。第一把扇子是严厉的批评，这把扇子就是假扇子。我们已经习惯于批评，习惯于使用假扇子。我们认为，批评能够帮助一个人矫正他的心态。我们甚至认为，批评得越严厉，就越能帮助那个人矫正差错。但事实上是我们自己错了，在很多时候，批评不仅解决不了问题，反而会加重人们的焦虑感。就像孙悟空挥舞的那把假扇子，你扇得越起劲，火苗就蹿得越高。

我们需要另一把扇子。真正的芭蕉扇之所以能够扇熄火焰山，就在于芭蕉叶的“心”，象征着自然、恬静、一心不乱的生活态度。我们需要做放松练习。只有在轻松的心情里面，才能找到生活的智慧，重新理解问题，让焦虑消弭于无形。

变来变去的情绪

积雷山摩云洞，是牛魔王与玉面公主的家。孙悟空来到摩云洞，找到了牛魔王。但牛魔王也跟铁扇公主一样，认为是孙悟空坑害了他的宝贝儿子，把他的这位义弟当作了仇人。“金箍棒，混铁棍，相逢不以朋友论”，兄弟俩就在摩云洞前一场好斗。

正打得热闹，忽然有人来请牛魔王吃饭。牛魔王就说：“你且住手，我要去一个朋友家赴宴。”也不管孙悟空，径自回洞，跟玉面公主打个招呼，骑着他的“辟水金睛兽”，到碧波潭找老龙王喝酒去了。

孙悟空也是“眉头一皱，计上心来”，趁着牛魔王与老龙王觥筹交错的机会，偷走了他的“辟水金睛兽”。摇身又变作牛魔王的模样，大摇大摆地回到翠云山芭蕉洞，从铁扇公主那里骗来了真的芭蕉扇。

牛魔王一看“金睛兽”不见了，立即告别老龙王，一阵黄风赶回了阔别已久的芭蕉洞，问铁扇公主：“夫人，是不是孙悟空来过了?”铁扇公主哭骂道:“就是那个泼猴，变作你的模样，骗走了我的宝贝!”牛魔王冷笑说:“夫人不要哭闹，俺老牛这就去帮你把宝贝追回来。”于是，又变作猪八戒的模样，在半路上等着孙悟空。

孙悟空扛着一把芭蕉扇，正得意忘形地走着哩。猪八戒迎面上来说:“大师兄辛苦了，这扇子就让俺老猪来扛吧!”孙悟空也没提防，随手就把扇子给了猪八戒。谁知，猪八戒念了一个咒语，把那芭蕉扇变得小如杏叶，藏在了身上。孙悟空看得莫名其妙，又见那猪八戒把脸一抹，竟现出了牛魔王的本相。

孙悟空变牛魔王，牛魔王变猪八戒，为的就是一把芭蕉扇。这变来变去的过程，其实就是情绪变来变去的过程，一会儿好像找到了主意，心情平静了许多；一会儿又重新变得六神无主，焦躁不安。

仿佛当年二郎神

真的猪八戒随后赶到。孙悟空不住地埋怨他说:“你呀，要来就早点来呀！那牛魔王变作你的嘴脸，把刚刚到手的芭蕉扇又骗回去了。”猪八戒听得暴跳如雷，大骂道:“这个遭瘟的，竟敢冒充老猪！走，找他算账去，看我一钉钯挖他九个窟窿!”孙悟空一挥手说:“走，我们找那老牛算账去!”

兄弟俩追到翠云山芭蕉洞，跟那牛魔王噼里啪啦地打成一片。牛魔王抵挡不住，慌得丢了铁棍，摇身变作一只天鹅，望空飞走。孙悟空哪里肯放？他摇身变作一只海东青，“飕”的一声，直扑天鹅而去。天鹅眼见无处可逃，回头变作一只黄鹰，来啄海东青。海东青迎风把翅膀一展，变做一只乌凤。看看这个场面，是不是很眼熟？当年孙悟空与二郎神斗法，就是这个场景啊！只是现在孙悟空变成了二郎神，牛魔王又好似当年的孙悟空。

说时迟，那时快，只见黄鹰翻身落地，变作一只金钱豹，快若闪电，逃命去也。乌凤俯冲下来，就地打了一个滚，变做一只大象，拦住了金钱豹的去路。就在这时，牛魔王嘻嘻地一笑，现出了他的本相： 一头大白牛。只见他头如峻岭，眼似闪光，两只牛角好比两把尖刀，身躯高达八百丈，向孙悟空高叫道：“泼猴！你如今又能奈我何？”

孙悟空也现了原形，喝一声：“长！”长成一个身高万丈，眼似日月的巨人，手执一条铁棒，当头就打。那牛魔王不顾一切，挺着两只角就顶过来。铁棒的敲打声，老牛的喘气声，每一个声响都弄得惊天动地，四方的神灵也都纷纷围了上来。心慌意乱之中，大白牛便舍了孙悟空，掉头就要逃走。

早有托塔天王李靖和哪吒太子拦住了他的去路。大白牛瞪着两只铃铛似的大眼，挺着两只尖刀似的角，拼命地冲了过来，指望能够杀出一条血路。哪吒太子眼疾手快，飞身跳在大白牛的背上，挥起斩妖剑，一剑把牛头斩了下来。哪知，牛魔王身体里又钻出一个头来，口吐黑气，眼放金光。哪吒大吃一惊，又砍一剑，牛头落处，又钻出一个头来。一连砍了十几剑，也一连长出了十几个头，直看得在场的神兵天将目瞪口呆。原来一颗狂野的心，就好像这头大白牛，砍了一个头又长出一个头，是很难把它制服的。

没有过不去的火焰山

哪吒太子人小决心大，他把风火轮挂在老牛的角上，吹动三昧真火，把牛魔王烧得龇牙咧嘴、疯狂吼叫。那牛魔王正要变化脱身，又被托塔天王用照妖镜照住了本相，动弹不得。哪吒立即上前，用一条绳子拴住了他的牛鼻子。

心魔既已驯服，情绪自然服帖。孙悟空牵着大白牛，来到芭蕉洞索取芭蕉扇。铁扇公主双手将那把丈二长短的芭蕉扇举过头顶，呈给孙悟空，只求不要伤害他们夫妻俩的性命。孙悟空说："我要的是扇子，不是要你们的性命。"

说完，孙悟空扛起扇子，无比兴奋地来到火焰山跟前。果然是一扇熄火，二扇生风，三扇下雨。只见凉风习习，雨水潇潇，整座火焰山都沉浸在一片雨雾之中。一座纵横八百里的火焰山，就这样火气尽灭，获得了久违的清凉自在。唐僧师徒终于翻过了取经途中最著名的一座大山，继续向西行进。每当回忆起这一段经历，他们总喜欢自豪地说："天底下没有过不去的火焰山！"

托塔天王和哪吒太子把牛魔王牵回了天庭，听候玉皇大帝发落。铁扇公主呢？还住在翠云山芭蕉洞里，据说后来也修成了正果，成了佛教经藏中的女英雄。

思考题

1. 面对焦虑，我们有两把扇子可以使用，一把是假扇子，一把是真扇子。你见过这两把扇子吗？请说一说你的经历。

2. 一位网友留言说："孙悟空用绳子拴住了牛魔王的牛鼻子，象征着他降伏了自己的心魔，重新回归了安静。安静就是清凉，安静就是智慧。无论我们遇到怎样的麻烦，首先要做的就是回归安静。"你觉得他说得对吗？请在此处写下你的留言：

____

____

第十九课 >>>>

女皇帝和她的蝎子精

女儿国的蹊跷事

唐僧的艳遇是从一条水波潋滟的小河开始的。他见那河水清冽，便吩咐猪八戒舀了一钵盂，满口凉爽地喝了。猪八戒见师父喝得惬意，又舀了一钵盂自己喝。然后，师徒们毫不在意地离了河岸，继续向西赶路。

谁知走不到半个时辰，唐僧和猪八戒就感觉肚子疼痛，而且渐渐地胀大了起来。孙悟空急忙牵着白马，赶到前面的一个村落，问村口站着的阿婆："阿婆，我师父和师弟得的是什么大肚子病？"阿婆说："他们呀，肚子里怀上了小宝宝啦！"

阿婆告诉他们，这里是西梁女国，全国都是女人，没有一个男人。姑娘们到了二十来岁，想要生个小宝宝，就去喝那子母河里的水，喝水之后，就会腹痛有胎，像唐僧和猪八戒这个样子。她因此断定，唐僧和猪八戒刚才喝过子母河里的水。

猪八戒听得大惊失色:“天哪！男人家生孩子，哪有这样的怪事呢?”唐僧想了想，呻吟着问:“阿婆，你们这里可有药铺? 教我徒弟去买两副堕胎药来。”阿婆说，西梁国的女人们从来不用药物堕胎，而是用一种特殊的方法。从这里往南，有一座解阳山，山中有一眼泉水，叫作落胎泉。如果女儿家怀了小宝宝又心生后悔，到那里舀一碗泉水喝，就能解了胎气。

唐僧和猪八戒这才如释重负，赶紧叫孙悟空去那落胎泉取水，消了他们腹中的血团肉块。阿婆又可怜他们刚刚小产，留他们歇息了一夜。在这个“士农工商皆女辈，渔樵耕牧尽红装”的女儿国里，人们似乎对无性繁殖早已司空见惯，倒是对远道而来的四个男人，感到既好奇又刺激。

第二天早上，他们告别了阿婆，西行四十里，到达西梁女国的京城。在倒换通关文牒的时候，令人怦然心动的桃花运降临到了唐僧的头上。女皇帝看上了仪表堂堂的唐僧，要把皇帝的宝座让给他，她自己甘愿做皇后。只要唐僧点点头，他就能立即得到这个倾国倾城的美人，还有一片大好河山作为她的陪嫁。

想想看，如果你是唐僧，你将会怎样面对女皇帝的示爱呢?

女皇帝的求亲闹剧

在女皇帝的殿内，满朝大臣都是女流，就连太师也是。女皇帝就请太师做媒，到驿站去向唐僧求亲。太师对唐僧说："天下姻缘，招男入赘并不少见。可是，像这样财色兼收的美事，却堪称空前绝后的艳福啊！希望您不要辜负了我们女皇帝的一片爱意！"

唐僧感到非常犯难。为什么犯难呢？因为取经的事儿还没完哩！你看看这个唐僧，面对唾手可得的好处，他竟然还这么犹豫！孙悟空把他拉到一边商量说："师父啊，你不如将计就计答应了她吧！要不然，她就不会给我们倒换关文，也不会放我们上路。更有甚者，若是她怀恨在心，使性子报复你，你叫我这个徒弟怎么办呢？动手吧，人家是爱你的。不动手吧，又无法脱身。"唐僧为难地说："你说得轻巧，万一她要跟我行夫妻之礼，我又该怎么办呢？"孙悟空说："你只要依计行事，等到那女皇帝给我们倒换了通关文牒，我便使出一个定身法，叫她们动弹不得，我们便趁机脱身西去。"唐僧点点头说："此计甚好！"回头便答应了太师的提亲。

要说唐僧与那女皇帝，倒也称得上是郎才女貌。唐僧丰姿英伟，女皇帝仪态万方，在任何人看来都是一对绝配。女皇帝也以为唐僧要留下来与她共享爱巢，便放心地为他的三个徒弟办理了通关文牒的签证。又安排了一顿丰盛的宴席，为孙悟空、猪八戒、沙和尚饯行。

等到送出了城外，唐僧便向女皇帝拱手道别，说："陛下请回，贫僧要与徒弟们一起取经去了！"女皇帝大吃一惊，拉住唐僧说："你不是已经答应我了吗？你我夫妻匹配，你为国之君，我为君之后，怎么突然又变卦呢?”唐僧支支吾吾，不知如何作答。

猪八戒却发起疯来，张大着一张猪嘴巴，晃动着一对大耳朵，闯到女皇帝驾前，嚷道:“我师父要往西天取经，跟你这个粉骷髅做什么夫妻? 快点放了他!”

女皇帝见他那猪头猪脑的一副丑相，吓得魂飞魄散，一屁股跌坐在地上。沙和尚趁机把师父抢出人丛，扶着他上了白马。

一波未平，一波又起

说时迟，那时快，路旁忽然又闪出一个女子，叫道:“唐僧，今儿你就是我的人了，还往哪里走!”一阵旋风掠过马背，把唐僧抱在怀里，又一阵旋风去了。

孙悟空正要鼓捣他的定身法，忽然听得沙和尚一声惊叫，回头不见了师父。抬头探望，只见一阵风尘滚滚，往西北方向去了。兄弟三个来不及多想，拉住白马，立即紧跟着腾云而起，风也似的追赶师父去了。西梁国的君臣女辈哪里见过这种白日飞升的神迹? 慌得一个个跪倒在尘埃里，不敢动弹。跪了好大一会儿，只听得女皇帝一声长叹，似乎在感叹她自己枉费了一片情思。

话说孙悟空兄弟三个追赶到一座高山跟前，按落云头，找到一处山洞，洞门上有六个大字： 毒敌山琵琶洞。孙悟空变成个蜜蜂儿钻进洞去，只见那个妖女正在卖弄风情，想要引诱师父哩！孙悟空担心师父把持不住，忍不住现了本相，大声责骂道："妖女无耻！"

那妖女立即抄了一把三股钢叉，跳出房门，回骂道："你这泼猴，怎么管得这么宽，连你师父和我的私情也要多嘴？不要走，吃老娘一叉！"孙悟空慌忙掣出金箍棒，双方你来我往，从洞里打到洞外。猪八戒看见了，也挥舞着钉钯，上前助战。那妖女斗战孙悟空和猪八戒两个大男人，居然毫不怯阵，直杀得惊天动地、日月无光。

忽然间，被那妖女瞅着了一个机会，只见她把腰肢一扭，把屁股一翘，一条铁钩便闪电似的抛了出来，狠狠地扎在孙悟空的脑门上。孙悟空顿时感觉到一阵不堪忍受的剧痛，只好抽身就逃。猪八戒见势不妙，也拖着钉钯败下阵来。

天色很快黑下来了，兄弟三个露宿在毒敌山的东山坡上。孙悟空忍着头痛，苦笑道："今天夜里，不知师父的一颗禅心，能否受得住那妖女春意活泼的挑逗？"他们还在担心，如果师父受不住那妖女的情色诱惑，那就意味这支好容易才组建起来的取经团队，从此就将群龙无首，而取经大业到此也就功败垂成了。

妖女无奈是多情

凌晨的光景，孙悟空听到远处的鸡叫，忽然发觉头不痛了。一时灵感闪现，孙悟空心想，天底下一物降一物，没有降伏不了的妖怪，莫非那妖女的克星，与雄鸡有关？便一个筋斗跳起，翻身跃上南天门，找救星去了。你猜救星是谁？原来是天界光明宫的昴日星官，专门负责司晨的大公鸡。

昴日星官是个爽快人，立即跟着孙悟空下到凡间。孙悟空说："请星官且在山头等候，我先到洞里去看看师父的安危如何。"摇身变作一只蜜蜂，飞入琵琶洞里来。原来，那妖女纠缠唐僧到半夜，并未达成心愿。一气之下，就把唐僧捆得像粽子似的扔在床下，自己倒头睡去。可怜唐僧躺在冰凉的地上，受了一夜的苦，正在哭泣哩！

孙悟空轻轻停在唐僧头上，问道："师父，夜来好事如何？"唐僧听见孙悟空的声音，又惊又喜，急忙叫道："好徒弟，是你吗？你可千万要救我，我还要去取经呢！"那妖女正在将醒未醒之间，听到唐僧说话，只当他是自言自语，起身就吼："好好的夫妻不做，要去取什么经！"

孙悟空到底害怕那妖女的铁钩，急忙展翅飞了出去，叫来猪八戒说："八戒，赶快操起你的九齿钉钯。只要你把那妖女引出洞来，便是大功一件！"猪八戒便举起钉钯，对准那琵琶洞的石头门，奋力就是一挖。妖女正在软硬兼施，哄着唐僧吃早餐哩！听得门外唿喇喇一响，立即跳起身，抄着一把三股钢叉赶了出来。孙悟空见那洞门一开，急忙连声高叫："昴日星官何在？"

昴日星官在山头上已经现出了本相。一只双冠子大公鸡，雄赳赳、气昂昂的，约有六七尺高，冲着妖女高叫一声。妖女立即就现了原形，是一只琵琶大小的蝎子精。昴日星官再叫一声，那蝎子精一阵哆嗦，浑身瘫软，横死在山坡前。猪八戒还要逞能，照准那只死蝎子一顿钉钯。也是可怜，那蝎子精一场痴情，竟被捣作了一团烂酱。

女妖的双重人格

有个问题：这个痴情而又恶毒的蝎子精真的该死吗？有人说，蝎子精是个女流氓，自取灭亡，死有余辜。也有人反对说，蝎子精为爱疯狂，情有可原，罪不至死。正反双方说得好像都有道理，尤其是反方，主张慈悲和宽容，很有说服力。

可是，正反双方都忘了，《西游记》是一部寓言体小说，义理深奥，并不容易看懂。比如说这个蝎子精，究竟是个什么妖怪呢？从子母河到女皇帝，再到这个蝎子精，三者之间究竟是个什么关联呢？

有道是，魔由心生，这个蝎子精啊，其实就是因为女皇帝自己不甘心，从她自己心里滋生出来的一个孽障。她身为皇帝，言谈举止，自然要垂范天下，可是她心里又割舍不下对唐僧的爱恋。怎么办呢？就只好任由心中滋生的这个妖孽去胡作非为。

因此，孙悟空请来昴日星官剿灭的这个蝎子精，乃是人们内心深处的妄想与贪念。而蝎子精之所以害怕昴日星官的鸡叫声，是因为一唱雄鸡天下白，那些隐藏在阴暗角落里不可告人的秘密，最见不得的就是太阳光。

爱情是一门非常美妙的课程

每一个女孩子，最初都生活在她自己的女儿国里，她自己就是那个女儿国的女皇帝。但是有一天，忽然有一个男人闯了进来。看到了吧，这其实是每一个女孩子的故事；故事的寓意，既适合女孩子，也适合男孩子。

现在我要问问男孩子：如果把唐僧换成你，你是否应该接受女皇帝的爱恋呢？她为了得到你，不仅要把自己的皇位让给你，而且要把她自己和她所拥有的一切都拿来与你共享，难道你还不动心吗？

然而，无论你怎么动心，你其实并不了解女皇帝，对不对？那么，你为什么要接受女皇帝的爱恋呢？假如这个女皇帝忽然失去了她的美色与财富，那么她的爱恋还有价值吗？直白地说，你爱的并不是女皇帝这个人！更直白地说，你想要接受的，并不是女皇帝的爱恋，而是她的美色、皇位与财富，对不对？

爱情是一门非常美妙的课程，但首先我们必须承认我们不懂。是命运把我们分成了男女，让我们经历了青春期，并且越来越强烈地感受到人生的孤独、空虚和寂寞。我们其实是不懂爱的，我们只是需要爱，而问题恰好就在这里。

我们需要爱，需要有另一个人来填满我们各自的空虚。男人在幻想一个“完美”的女人，女人在幻想一个“完美”的男人。这样的幻想就造成了我们在外面的寻找。有可能找到吗？几乎不可能。世界上没有一个人，是按照你的“完美标准”设计和制造的。也许恰好有一个人让你感到惊艳，就好像女皇帝惊艳于唐僧，或者是你惊艳于女皇帝，但这样的惊艳并不是真正的爱。

真正的爱是你愿意付出的，而不是你想要得到的。当你想要得到一个人，就好像女皇帝想要得到唐僧，非要把唐僧拉到她的生活中来，或者是你想要强行进入那个女皇帝的王国，那么最终的结果，必然是两个人的战争：男人和女人互相占有，并且在战争中把彼此的世界撕扯得四分五裂。

爱是一门深奥的课程，需要我们学习很久很久，直到恍然大悟。这就是唐僧要继续西行去求取真经的原因。就让我们为痴情的女皇帝掬一捧同情的泪水吧，然后毅然转过脸去，跟随唐僧的脚步，继续那生命的西行之旅吧！

思考题

每一个女孩都生活在她自己的女儿国里，每一个女孩都是女儿国的女皇帝，直到有一天，有个男人闯进了她的王国。这是女孩们的爱情故事，唯一的区别在于：有的女孩遇到了唐僧，有的女孩遇到了孙悟空，有的女孩遇到了猪八戒，有的女孩遇到了沙和尚。

说一说你自己：你是谁？你遇到过谁，或者想要遇到谁？

第二十课 >>>>

真假孙悟空

遇到一伙强盗

话说师徒四人经历了许多磨难，后面的路越走越平坦。一日，为了贪图早些化斋，孙悟空一时豪兴，催动驮着唐僧的白马飞奔起来。徒弟三人落在后面哈哈大笑，随后赶去。走不多远，却又看到奇怪的一幕：他们的师父竟然被高高地挂在树上！

猪八戒就问："奇怪啊，师父怎么在树上荡秋千呢？"孙悟空叫道："呆子，师父哪里是荡秋千？他是被人吊到树上去啦！你们且在这里等一下，我先去看看究竟。"摇身变作一个十五六岁的小和尚，背着一个蓝布包袱，一路小跑过去，问："师父，您这是怎么啦？"

唐僧哀叫着说："遇上强盗啦！他们把我绑在这里，等着你们过来时勒索钱财哩！"小和尚说："我们这一路风雨兼程，全靠斋饭果腹，哪里有多余的钱财呢？"唐僧说："要不，就把白马送给他们吧。”小和尚说：“白马是您的脚力，送给他们，靠您的两条腿，几时到得了西天？”唐僧说：“徒弟呀，我这样被吊着，你说该怎么是好？”

师徒俩正在说话哩，一伙强盗从四周围了上来，叫道：“小和尚，你师父说你腰里有盘缠，趁早拿出来，放了你们过去。若说半个不字，老子们就在此断送了你的残生！”小和尚笑着说：“盘缠吗？倒也有二十多锭马蹄金和一些散碎银子。不过，你们得首先放了我的师父。”强盗们听了，欢欢喜喜地说：“你这个小和尚，倒也慷慨！”便放了唐僧。唐僧跳上白马，慌乱之中也分不清东西，拍马往来时路逃命去也。

猪八戒和沙和尚拦住他说：“师父，你往回跑干什么？”唐僧勒住白马，忽然想起了什么，说：“八戒，你快点赶过去，叫你师兄棒下留情，不要打杀了那些强盗。”猪八戒急急忙忙地跑过去，哪里还有强盗？就问：“那伙贼人呢？”孙悟空说：“都已经散去了，只有两个头儿还在这里睡觉。”猪八戒一看，两个强盗头子已经永远地睡着了。

唐僧闻讯，大吃一惊，回来就骂孙悟空：“你这猴头，亏你跟我这么多年，还是这样行凶撒泼！”说罢他摇头叹息了好久，吩咐猪八戒用钉钯挖了两个坑，掩埋了那两具尸体。

念起了久违的紧箍咒

当晚，唐僧师徒投宿在杨老汉家中。没想到杨老汉的儿子杨虎，恰好就是强盗们的同伙。到了后半夜，杨虎回来了，吩咐老婆给同伙们打水做饭。过了一会儿，杨虎进了厨房问:“老婆，后面园子里的白马从哪里来的?”老婆说:“从东方来了四个和尚，白马是他们的。”

杨虎赶紧就到堂屋向同伙们报信，说:“兄弟们，真是造化！白日里打死我们头儿的和尚，恰好就在我家借宿！”强盗们大喜，就在那里密谋，要一阵乱刀砍死这几个秃驴，为两个头儿报仇。

杨老汉睡在床上听见，悄悄地摸进后房，叫醒唐僧师徒。强盗们正在大门口霍霍地磨刀哩，杨老汉已经蹑手蹑脚地打开了后门。等到强盗们来时，哪里还有人影？杨虎说:“这几个和尚人生地不熟，必然走不了多远，我们肯定追赶得上。”强盗们一脚踢开后门，风也似的追赶了上来。

话说唐僧师徒慌忙赶路，一直赶到东方日出。只听得一阵怪叫，回头一看，强盗们挥舞着枪刀棍棒从后面追赶了上来。孙悟空说:“师父不用害怕，且让俺老孙来对付他们！”唐僧叮嘱道:“你只需吓退他们便罢，千万不可伤人性命！”

孙悟空哪里肯听，回头迎着那伙强盗，问道:“你们中间哪一位是老杨的儿子?”强盗们把他团团围定，喝道:“你死到临头，还问那么多干什么?”孙悟空说:“我要替老杨教训教训这个逆子！”强盗们哈哈大笑，不由分说，拥上来就是一阵乱砍乱杀。孙悟空心头怒火大起，早把唐僧的叮嘱抛到九霄云外，抡起金箍棒就是一阵反击，打得众强盗惊魂落魄、血肉横飞。

还记得孙悟空打杀六贼的故事吗？这一次他打杀强盗团伙，是不是打杀六贼的重演？唐僧便不由分说，立即在路旁盘腿坐正，念起了那个久违的紧箍咒。孙悟空只痛得在那地上翻来覆去地打滚，不住地告饶。念了十多遍紧箍咒，唐僧仍不解恨，叹息着说："你这猴头，野性难驯，留你何用？你还是走吧！"

孙悟空问："师父，你怎么又要赶我走呢？"唐僧两眼都是怒火，骂道："你这泼猴，我屡次劝你，你却无一丝善念，要你何为！你若不走，我就继续念紧箍咒！"孙悟空慌忙叫道："莫念，莫念，我走就是了！"一个筋斗跳到半天云中，远远地走了。

两个孙悟空

我们知道，由于性格的差异，唐僧与孙悟空之间的不和谐几乎贯穿了整部《西游记》。在这里，又以孙悟空打杀强盗团伙为例，一波三折地表现了完美型的唐僧对于道德信仰的执着，以及力量型的孙悟空的自以为是和胆大妄为。最后，冲突再一次升级，唐僧也从平日对孙悟空的忍让，一反常态地变得专横了起来。

有许多人议论说，若是没有力量型的孙悟空，完美型的唐僧恐怕就到不了西天，说不准在哪个山头就被妖怪吃了。议论来，议论去，都有些反感唐僧不知好歹，动不动就大念紧箍咒，动不动就要赶走孙悟空。有些网友在论坛里激愤地说："取经完全可以是一件很简单的事，让孙悟空一个筋斗去了灵山，又一个筋斗就把经取回来了，为什么一定要保护着这个肉眼凡胎、愚不可及的唐僧去取经呢？”又有一个网友跟帖，说：“有两个原因，一是唐僧手上有通关文牒，二是如来佛祖只认唐僧是正宗的取经人。”

这两个网友的意见似乎很有代表性，甚至连孙悟空自己也这样想过。你唐僧手上不是有通关文牒吗？如来佛不是只认你唐僧是正宗的取经人吗？好，那我就抢了你的通关文牒，再变出一个冒牌的唐僧来作为傀儡，我孙悟空不就可以去西天取经了吗？

于是，孙悟空就坐在高高的山头上冥思苦想，一想就想出岔来了。从他的身体里分出两个孙悟空来，孙悟空一号飞往南海向观音菩萨诉苦，孙悟空二号却按落了云头，来抢唐僧的包袱。

孙悟空一号

先说孙悟空一号。他拜在观音菩萨跟前，大放悲声。你想啊，孙悟空何等英雄，当初被如来佛压在五行山下五百年都没哭过，不哭则已，一哭起来那个悲壮劲儿可真让人受不了。翻破了一部七十多万字的《西游记》，发现全书中孙悟空大约也就哭过两次，一次是在火云洞，再就是这次。观音菩萨被他哭得心酸，慌忙将他扶了起来，说：“你怎么这样伤心？说出来，我来为你消灾救苦。”

孙悟空就擦着眼泪说：“我承蒙菩萨教诲，保护唐僧往西天拜佛求经，一路上山重水复，都是我舍身拼命。如今他为了杨虎一案，不分青红皂白，背义忘恩，大念紧箍咒不说，又执意把我赶走。想我当年在花果山何等风光，如今跑来跟一个和尚做徒弟，屡次遭到驱赶，还有何脸面来往于天地人间？”

“阿弥陀佛，你只看到你自己的功劳和委屈，却看不到唐僧的可敬可爱。”菩萨感叹说，“你想啊，他手无缚鸡之力，尚且有勇气去包容那些为非作歹的坏人；你是一个武艺高强的英雄，为什么反而不如唐僧呢？”孙悟空被问得心头大震，低着头回答说：“多谢菩萨教诲，我知道自己错了。可是事到如今，后悔又有什么用呢？就算我重返取经路，那唐僧也未必能够容我。”

只见观音菩萨端坐在莲台上，运心三界，霎时间开口说道：“悟空，你那师父顷刻之际就有伤身之难，不久就会来找你。你且在此处等候，到那时还是答应唐僧，一同到西天取经去吧！”

一支冒牌的取经团队

话说唐僧赶走了孙悟空，带着猪八戒、沙和尚继续向西行走。走了五十里远近，师徒们又饥又渴。猪八戒说：“师父且请下马休息，我去化些斋饭来吃。”托着钵盂，往南去了。余下二人等了好久，等得焦急。沙和尚就说：“师父，我去找二师兄！”

也沿着那条小路，一路找了过去。

唐僧独自坐在那里，闭目养神。忽然听得一声响，睁开眼一看，原来是孙悟空跪在路旁，双手捧着一个瓷杯，说:“师父，没有老孙，你连水也喝不上一口。这一杯清水，就给你解渴吧!”唐僧固执地说:“就算渴死，我也不喝你的水！你走吧!”孙悟空说:“你为什么一定要赶我走呢？没有我，你如何去得了西天?”唐僧顿时又被激怒了，骂道:“好像我们走到今天这一步，全靠你的功劳似的。哼，你这个自以为是的泼猴!走便走了，还回来纠缠我做什么?”

孙悟空跟着也翻了脸，喝骂道:“唐僧啊唐僧，亏我跟随你一路艰辛，你竟然这样狠心地糟践我!”说罢，恶狠狠地丢了瓷杯，一棒打在唐僧脊背上，把他打晕在地。然后从行李中翻出两个青毡包袱，提在手中，一个筋斗云去得无影无踪。

没过多久，猪八戒和沙和尚化斋回来了。看到师父倒在路旁，行李担子也被翻得七零八落，还以为是强盗们的余党赶来行凶报复。好容易把师父救醒，却道原来是孙悟空干的好事。猪八戒顿时气得咬紧口中牙，骂道:“好个泼猴，原来是这样一个翻脸无情的恶棍!”

唐僧喘着气说:“回想我赶走那猴头时，言语也确实激烈了一些，难怪会伤他的心。”又派沙和尚去花果山，嘱咐他只要讨回包袱即可，不可再生争吵。为什么派沙和尚去呢？因为和平型的沙和尚说话比较谨慎。

沙和尚在空中飞行了三天三夜，终于到达花果山。只见满山都是猴子，到处都在喧闹。近前再仔细一看，那孙悟空高坐在石台之上，双手扯着一张纸，口里念念有词："东土大唐皇帝李，驾前敕命御弟圣僧陈玄奘法师，上西方天竺国娑婆灵山大雷音寺专拜如来佛祖求经。……倘过西邦诸国，不灭善缘，照牒施行。"

沙和尚侧耳倾听，原来是唐僧的通关文牒，于是忍不住高声叫道："大师兄，你把师父的关文拿到花果山来干什么？"孙悟空抬头看见沙和尚，脸色一变，只叫："拿下！拿下！"

众猴一拥而上，把沙和尚连推带拉地捉了过来。沙和尚只得赔着小心，说道："大师兄，师父错怪你啦！望大师兄念及师父昔日的恩情，还同小弟一起回去。倘若怨恨之深，不肯回去，千万把包袱还给小弟，何苦与师父为难呢？"你们看，和平型的沙和尚在心里未必同情孙悟空被驱赶的遭遇，但他讲的话多么得体！

孙悟空冷笑说："贤弟，我抢了唐僧的行李，自然大有用处。我已经熟读关文，不要那个唐僧了，我自己去西天拜佛求经，独享正果，岂不是美？"沙和尚赔笑道："那关文上写的是师父的名讳，哪个佛祖肯传经与你呢？"孙悟空笑道："贤弟，难道天底下就没有第二个唐僧吗？"回头叫道："小的们，快请师父出来。"一会儿，果然请出一个唐僧。后面一个猪八戒，牵着一匹白马。一个沙和尚，挑着行李。

这支冒牌的取经团队，顿时就把和平型的沙和尚激怒了。俗话说，兔子逼急了也会咬人。沙和尚发急的模样，就跟兔子要咬人似的。他叫道："哪里来的妖怪，胆敢变作我老沙的相貌?"双手举起宝杖，把那个假的沙和尚一杖打死，原来是一个猴精。

不待猴王发令，猴子们立即就把沙和尚围住了。沙和尚东冲西撞，瞅个机会纵身跳到空中，一阵风似的逃生去也。

两个孙悟空打了起来

沙和尚离了花果山，心想："取经这件事，是观音菩萨起的头。我还是找她去吧!"飞行了一个昼夜，到达珞珈山。拜了菩萨，抬头正要诉说，忽然看见孙悟空站在旁边。沙和尚顿时怒火中烧，举起宝月禅杖就要打。你们看，这就是和平型的人，轻易不发火，一旦发起火来，那可是经久不息的。这就切合了一句民谚："慢性子的人发一次火，天上要打五天的雷。"

孙悟空见势不妙，闪身躲在菩萨的光影之中。沙和尚只得住手，口中却乱骂道："你这个泼猴! 打倒师父，抢走关文，弄了一支冒牌的取经团队，恶贯满盈，如今又来欺瞒菩萨吗?"观音菩萨喝道："悟净不要瞎说。你大师兄在我这里已经住了四天，每日听我说法，如何恶贯满盈? 你要说个清楚，不要冤枉了好人。"沙和尚便把前事细说了一遍，说完兀自看着孙悟空，怨恨难休。

"既然如此，"菩萨说，"我就让悟空与你一同去看个究竟。是真是假，到时自见分晓。"孙悟空听了，当即与沙和尚一道飞往花果山。孙悟空飞得快，沙和尚却非要拉着他慢走，生怕他先行一步，又弄出什么玄虚来。

果然有一个假的孙悟空，高坐在石台之上，与群猴饮酒作乐。真的孙悟空勃然大怒，一甩手挣脱了沙和尚，掣出金箍棒，上前指着那猴头骂道："你是何方妖孽？胆敢变作我的相貌，强占我的洞府，在我的猴子猴孙面前作威作福！"

那个假的孙悟空冷冷一笑，也不答话，也掣出一条金箍棒来。两个孙悟空打在一起，一样的衣装，一样的容貌，一样的身手，一样的声音与喊叫，令人眼花缭乱，再也难分真假。

孙悟空二号的真面目

话说两个孙悟空音容一样、身手相当，打得难解难分。打打骂骂之间，又到了南海。两个孙悟空一起叫道："走，我与你找菩萨来辨个真假！"菩萨看了半天，只好把木叉行者与善财童子唤来，悄悄吩咐："你们一人拉住一个，等我暗念紧箍咒，看那个喊疼的便是真，不疼的便是假。"

木叉行者与善财童子便一人拉住一个。菩萨暗念真言，两个一齐喊疼，都抱着头，地下打滚，只叫："莫念，莫念！"菩萨无计可施，说道："悟空，你当年在天上做齐天大圣时，天兵神将们都认得你，你去找他们做个分辨吧！"

两个孙悟空又一路拉拉扯扯上了天庭。谁知众神将看了半天，也是分辨不得。玉皇大帝命托塔天王李靖取来照妖镜，镜中也仍然是两个孙悟空的影子，衣着与身体都不差分毫。两个孙悟空一路纠缠着出了南天门，又落到了阴曹地府。

地藏菩萨说："你们两个形容如一，神通无二。纵然我能够辨别真假，却谁也得罪不起。无论得罪了谁，阴曹地府恐怕都会不得安宁。不然，你们到灵山去找如来佛，他神通广大，必定能够断个明白。"两个孙悟空一齐说好，一路飞云驾雾，一路拉拉扯扯，往西天去了。

如来佛正在说法，忽然听得由远而近的一阵吵闹，原来是两个孙悟空厮打着过来了。护法金刚急忙说："我去制止这两个猴头，省得他们扰乱了法会。"如来笑道："天下事皆可说法，且听他们怎么说！"两个孙悟空便拜在佛祖的莲花座前，争先恐后地指责对方以假乱真。

恰好观音菩萨也到了。如来问道："观音尊者，你看这两个悟空，谁真谁假？"观音菩萨说："前日在弟子那里，弟子想方设法也不能辨认真假。还请如来为他辨明。"如来笑道："世间有一种猴子，唤作六耳猕猴。这种猴子善于聆听人的心事，所以凡人起心动念，他都能知晓。与真悟空同像同音的，就是六耳猕猴啊！"

在灵长目猴科动物中，并没有六耳猕猴这个品种。所谓六耳猕猴，其实是孙悟空内心深处的一个妄念，因此与孙悟空模样类似，本领相同。真假两个孙悟空的争斗，则生动地反映了他内心深处的矛盾与痛苦。

跟真假孙悟空一样，我们每个人都有一个真我和一个假我。

著名心学家王阳明先生曾经说过："破山中贼易，破心中贼难。"那个假我就是我们每个人心中的贼。我们的人生就是这样，一面遭受着心中贼的奴役，一面在寻找那个失去的真我。

六耳猕猴恰好就是孙悟空的心中贼。如来说法，六耳猕猴顿时就现了原形。孙悟空抡起金箍棒，把他一棒打死。这就意味着孙悟空终于战胜了他的自我，又重新回归了心灵的祥和与宁静。

重返西行之路

真假孙悟空是一件很有意思的公案。有人说，如果是孙悟空二号战胜了孙悟空一号，那就不是孙悟空的真假问题，而是取经团队的真假问题了。又有人说，管他是正牌还是冒牌，只要能够取到真经，不就意味着团队的成功吗？

要我说啊，冒牌的取经团队是取不到真经的。无论他们一路上怎样招摇撞骗，最终毫无例外地都会归于失败。就算如来佛祖一不留神给他们发放了真经，可是你们想想看，歪嘴和尚怎么能够念得好经呢？我们这个社会也有念经的"歪嘴和尚"。我们需要学会辨别：1. 什么是真经？ 2. 什么样的人是歪嘴和尚？

英雄的孙悟空跟随着观音菩萨，又重新回到了取经的路上。唐僧拜伏在地上，迎接菩萨的光临。菩萨训诫他说："我今天亲自把悟空送回来，但愿你们能够同心协力，继续西行。这一路上魔障重重，没有了他的保护，你如何到得了灵山？”大约菩萨也深知唐僧的禀性，特意叮嘱他不要记恨和责怪孙悟空。这恰好就是完美型性格的人的一个特点，习惯于记恨人、责怪人。

唐僧暗自惭愧，立即回答说：“弟子一定遵从菩萨的教诲！”师徒四人诚惶诚恐，送别了观音菩萨，重新整理好行装，继续向西行进。

思考题

1. 真假孙悟空的争战，其实就是真我和假我的争战。结合你自己的人生经历，讲一个真我和假我争战的故事。

2. 请说一说你对“歪嘴和尚”的理解。

第二十一课 >>>>

做一个有团队精神的孙悟空

从了解你的性格开始

敢做敢当的孙悟空，是整个取经团队不可或缺的英雄。什么是团队呢？简单地说，就是由若干团队成员组合而成的一个共同体。你可以把你的家庭看作一个团队，也可以把你和小伙伴们临时组成的工作小组看作一个团队；等到你从学校毕业，进入职场，就会被选拔组合到为完成某种特定目标而设置的工作团队中去。

在一个好的团队里面，团队成员之间是一种友爱互助的工作关系，既有专业知识和技能上的分工，同时又能协同工作。每个人都能充分发挥自己的专业优势，同时又能利用自己的优势力量去支持团队里的同事。在这个时候，就需要每个人都具有良好的团队精神。我很喜欢团队精神这个词，它意味着：1. 你把你和你的团队看成了一个整体；2. 你不仅有能力做好自己，同时也有意愿或者有能力帮助别人做好。

做好自己，就是古代中国人常说的独善其身和与人为善。善的象形文字，是一双安详的眼睛。当你能够用一双安详的眼睛看世界的时候，你就是安详的，你的世界也是安详的。在这双安详的眼睛里面，你能够很深入、很完整地看待你自己。只有这样，才是做好自己的前提。与之相反，若是你有任何欲望或者焦虑的情绪，你的眼睛就会失去那种安详。

还有啊，你和你的团队既然是一个整体，那么你对别人的帮助，毫无疑问也是你做好自己的一部分。我说的帮助，包括你对别人的尊重、理解和巧妙的劝说，以及提供必要的支持和配合。

成功的人生，需要了解你自己的性格。然后，你就可以选择与你的性格相匹配的专业和职业。那么，你究竟是哪一种性格呢？是力量型的孙悟空，还是完美型的唐僧，抑或是活泼型的猪八戒、和平型的沙和尚？

力量型的优势与缺点

孙悟空最大的特点就是坚强，总是能够不屈不挠地实现目标，总是能够取得令人叫好的工作绩效。在西行取经的路上，无论是化斋、探路，还是降妖除魔，他总是能够凭借高强的本领或想办法完成任务。如果换了猪八戒、沙和尚，事情的效果往往就会大打折扣。当唐僧、猪八戒、沙和尚全都落入了妖精的魔掌，也总是孙悟空设法逃脱，最后成功地将他们营救出来。

尽管如此，事实上孙悟空却屡次遭到唐僧的驱赶，与猪八戒、沙和尚的关系也有很多不怎么友好的地方。为什么会这样呢？因为他的态度总是那样强硬和粗暴，总是那样咄咄逼人、独断专行。他能够很果敢地做成很多事情，同时也很容易遭到别人的不满和抵制。这就是孙悟空的悲哀，也是许多力量型的人的悲哀。

和孙悟空一样，力量型的人有很多值得肯定的性格优势。然而，如果用过了头，或者运用不当，性格上的这些优势就会变成令人讨厌的缺点。例如：

1. 个人独立工作的能力强是一个优势，如果运用不当就会变成不善于合作的缺点；

2. 过分强调工作绩效，会让同事们觉得你缺乏人情味；

3. 做人直率坦诚也是一种值得肯定的优点，但如果你没有照顾对方的情感，对方就很可能会认为你生硬粗暴；

4. 一鸟在手胜过百鸟在林，这种信念使得力量型的人非常务实，但过分的务实就意味着目光短浅。

与唐僧的友好相处之道

没有一个人是万能的。然而，我们却能够通过建立人际的信赖关系，通过别人的帮助，来弥补我们自身的不足。对于团队而言，伙伴之间的友好相处和相互协作更是显得至关重要。力量型的孙悟空其实完全可以赢得唐僧的支持。对于孙悟空重视工作绩效和客观办事的态度，完美型的唐僧也应该是颇为欣赏的。

孙悟空需要正视的一个问题是，完美型的唐僧走路、说话和决策都比较慢。在快节奏的力量型的人看来，这种蜗牛一样的速度简直令人无法忍受。同样的，对于完美型的人来说，力量型的人的快节奏也会让他们感到很不自在，会打乱他们的工作程序，因为他们总是习惯于深思熟虑。

现在的问题是，在完美型的唐僧面前，力量型的孙悟空究竟应该怎么做呢？我在这里给出下列建议，请各位力量型的读者参考执行：

1. 除非情势紧急，请放慢节奏。一个筋斗十万八千里，孙悟空的速度实在是太快了，他的办事效率也因此令人赞叹。可是，同样也是因为这样的快节奏，常常让唐僧感到紧迫和不知所措。更有甚者，他有时候会强迫唐僧做出某种决定，或根本不征得唐僧的同意就擅自行动。说做就做是一个好习惯，但前提是你应该尊重你的团队伙伴，并得到他们的支持。

2. 每个人都在用他自己的方式去争取成功，这世界上并非只有你一个人能干，要承认别人的长处和作用。完美型的唐僧性格深沉，有计划，注意细节，善于发现问题，能够深切地关心他人。活泼型的猪八戒喜欢冒泡泡，性格色彩丰富，总是能够发现工作中的乐趣。和平型的沙和尚虽然情感内藏，却是一个很好相处的合作伙伴，而且能够持之以恒地胜任工作。

3. 力量型的人通常都喜欢说话，却不善于倾听。在力量型的人滔滔不绝而又不容辩驳的谈话方式面前，完美型的人就会变得更加缄默。因此，力量型的你有必要让自己学会倾听，学会用商量的口吻说话。

4. 注意说话的态度，不要在完美型的人面前显出过于强硬的样子，否则他会认为你是一个专横的人。力量型的人通常说话的语调较高，应该设法让语气缓和下来。力量型的人通常习惯于用很大的力度来示意动作，这种示意动作能够显示力量，却也容易遭到反感。请注意你说话的语气和身体语言的表达，尽可能地显得友好一些。

5. 很多时候，完美型的人会回避他与你的矛盾，但你切切不可把这种回避当作他对你的认同。等到他一旦发作，你后悔都有些来不及了。唯一的解救之道就是，注意与完美型的人主动沟通。如果你连主动沟通的意识都没有，那就很难说得上建立有效的协作关系了。

与猪八戒的友好相处之道

对于孙悟空那种生气勃勃、节奏明快的工作方式，活泼型的猪八戒是颇为欣赏的。但同时猪八戒也很讨厌孙悟空那种没有同情心、喜欢支使人的性格特点。在团队生活中，给予孙悟空最多配合的是猪八戒，与孙悟空经常斗嘴的也是猪八戒。

为了帮助力量型的孙悟空与活泼型的猪八戒建立起更为有效的协作关系，我在这里给出下列建议，请各位力量型的读者参考执行：

1. 对于活泼型的人而言，人与人之间的友好和相互了解是相当重要的。他们讨厌那种正规严肃的气氛，他们喜欢营造一种浓浓的人情味，喜欢与同事建立起私人之间的联系。作为力量型的你，最好能够用一种自由而又随便的态度，开始或增加与他们之间的私人交往。

2. 活泼型的人虽然情绪化，但他们是诚挚的。你应该学会介绍你自己，因为他们希望能够更加了解你。

3. 活泼型的人重视情感，并且善于表达情感。这种情感无论其具体内容是什么，都会影响甚至主宰活泼型的人的决策、行动以及对别人做出反应的方式。鉴于孙悟空这种力量型的人情感不是那么外露，因此，适当地关注活泼型的人的情感，就成了与他们有效地共事的一个关键。

4. 活泼型的人在受到表扬时，心里是非常高兴的，尤其是在公开场合受到表扬。你应该设法满足他们所喜欢的荣誉（最好是用幽默的方式），只要不是太过火。

5. 活泼型的人在人群中是最风趣、最爱开玩笑的，这就是读者们喜欢猪八戒的主要原因。翻开《西游记》，你会发现猪八戒的俏皮话真是令人忍俊不禁。因此，你应该设法让谈话气氛更加愉快起来，在你和活泼型的同事之间营造一种美好的友谊。而且，比起闷声不响地埋头苦干，在轻松愉快的工作气氛中所产生的绩效，显然要高出许多。

与沙和尚的友好相处之道

和平型的沙和尚，虽然没有七十二般变化，甚至连猪八戒的三十六般变化也没有，但是他习惯于遵守工作纪律，是整个团队组织的稳定器。在企业或政府机构中，和平型的人通常会负责那些常规性的工作。

在所有的性格类型中，力量型与和平型的差异是最大的。一个主动进取，一个畏缩观望；一个专横霸道，一个逆来顺受；一个关注工作，一个在乎情感。因此，孙悟空与沙和尚的一动一静，就形成了相当鲜明的对比。在他们两个人之间，甚至就没有说过几句话。相比较而言，沙和尚与猪八戒之间的共同语言更多。

为了帮助力量型的孙悟空与和平型的沙和尚建立起更为有效的协作关系，我在这里给出下列建议，请各位力量型的读者参考执行：

1. 和平型的人对待每个人都是小心翼翼的态度，唯恐惹起任何冲突和不愉快。当然，这些沙和尚也希望别人能够同样地在乎他们。虽然他们一般不会惹是生非，但如果你想赢得他们的友谊，就应该用一种平等、随和、适度热情的方式，与他们真诚相处，千万要避免姿态清高。

2. 多关注他们人性的一面。尽管他们没有特别高超的技艺，但他们还是很在乎别人对自己的态度。他们看重情感，所以不希望别人只是利用他们。虽然他们也会顺从力量型的人那种颐指气使的工作作风，但心里却暗暗地憋着气。一旦你真的得罪了他们，想要挽救就很困难了。

3. 和平型的人通常都是慢性子，力量型的人的快节奏会让他们感到非常窘迫，甚至会打乱他们的工作程序。如果时间不紧张的话，你最好不要催促他们。在他们面前，你要学会放慢工作和说话的节奏，以便能够与他们协调起来。

4. 力量型的人通常都喜欢说话，却不善于倾听。在力量型的人滔滔不绝而又不容辩驳的谈话方式面前，和平型的人就会变得更加缄默。因此，力量型的你有必要让自己学会倾听，学会用商量的口吻说话。

5. 和平型的人喜欢在稳定有序的环境中工作，因此，你应该给和平型的人尽可能地减少一些不确定性。如果你能够帮助和平型的人明确自己扮演的角色、努力的方向和工作的程序，他们就会出色地工作。

6. 和平型的人之所以能够成为整个团队组织的稳定器，是由于他们的忠实。他们忠实于纪律，忠实于伙伴，忠实于团队，也希望你能够表现出同样的忠诚。因此，不要在他们面前发牢骚，以避免引起他们的反感。正确的做法是，把你的牢骚转换成一些建设性的改进意见。

最后的忠告

尽管我已经说了很多，但力量型的孙悟空们可能仍然会自以为是、固执己见。他们并不认为自己做错了什么，因为他们一直在努力做自己认为对的事。不过，下面的忠告也许是孙悟空们所乐意接受的：

1. 学会放松。力量型的人是出色的工作者，他们比其他性格的人都能干。性格的驱动力使得他们不停地前进、前进、再前进，但在另一方面，他们却不会自我放松和减压。其实呢，力量型的人必须认识到，他们完全不必要强迫自己不停地工作。

2. 减轻对别人的压力。力量型的人对于别人也是一种很大的压力，他们对于成功的迫切感和快节奏的工作方式，常常使得周围的人惊慌失措。不仅如此，他们还习惯于指使别人而根本不理会别人是否反对。为什么要把别人当傻瓜呢？为什么要让别人不自在呢？仔细想想，力量型的人之所以常常不讨人喜欢，也盖因于此。

3. 学会道歉。我们知道，自信是力量型的标志，所以他们几乎从不道歉。他们喜欢随意地批评别人，却从不认为自己有什么不对。孙悟空大闹天宫、地府，先后偷吃蟠桃、金丹和人参果，如此胡作非为，也从未见他说过一句“对不起”。与一个力量型的人讲道理是很困难的，因为他们总是认为自己的一切问题都出在别人身上，并以此合理解释自己的所有错误。

4. 承认自己有某些缺点。力量型把自己的优势集中在右臂上，以至于随时都能握起一只有力量的拳头。可是，他们却习惯于把缺点归咎于别人。拒绝看到自己的任何缺点，使得他们很难得到进步。

思考题

如果你是一位力量型的孙悟空，请重读此篇，把对你最有用的忠告记在下面：

第二十二课 >>>>

做一个有团队精神的猪八戒

活泼型的优势与缺点

猪八戒的突出特点就是率直而又风趣，这个特点使得他处处都能受到欢迎。尽管从能力和工作绩效上看，他总是处处不如孙悟空，但我们可以想象的是，如果一个团队组织中缺少这样的活跃分子，我们的工作环境该是多么枯燥乏味啊！

但是，过分的率直和对乐趣的追求，却很容易使得活泼型的猪八戒变得随意，随意夸口，随意承诺和随意地不遵守承诺。猪八戒是真诚的，可又是那样的不负责任。他似乎总在食言，说过的话似乎总可以不作数。他也总是让人感到失望和不满，以至于常常陷入信任的危机。这是猪八戒的悲哀，也是许多活泼型的人的悲哀。

和猪八戒一样，活泼型的人有许多值得肯定的性格优势。然而，如果用过了头，或者运用不当，性格上的这些优势就会变成令人讨厌的缺点。例如：

1. 想象力丰富是一个优势，如果运用不当就会变成不切实际；

2. 心直口快也是一个优点，可闹不好会变成不符合事实的瞎说；

3. 快节奏的工作方式，由于不够认真，就会显得毛糙；

4. 到处找乐子的习惯，会使得活泼型的人在困难面前失去耐心，出现虎头蛇尾的工作现象。

与唐僧的友好相处之道

作为一个活泼型的团队成员，猪八戒其实完全可以赢得唐僧的支持。对于猪八戒不慌不忙的行为风格，完美型的唐僧也应该是颇为欣赏的。

猪八戒应该正视的一个问题是，完美型的唐僧做事讲究计划和条理。在漫不经心的活泼型的人看来，这种对计划和条理的苛求简直令人无法忍受。同样的，对于完美型的人来说，活泼型的人的漫不经心也会让他们感到很不踏实。因为完美型的人的性格特点，他们总是习惯于订立工作的高标准，而活泼型的人几乎每次都叫人失望。

现在的问题是，在完美型的唐僧面前，活泼型的猪八戒究竟应该怎么做呢？我在这里给出下列建议，请各位活泼型的读者参考执行：

1. 请控制你的热情，放慢你的节奏。猪八戒腾云驾雾的速度虽然不如孙悟空，可他那种说到风就是雨的工作习惯实在是让人应接不暇。更有甚者，他那自由散漫的作风，使得他有时候根本不征得唐僧的同意就擅自行动。对于活泼型的猪八戒而言，做事图的就是那个新鲜劲儿，图的就是那股冲动的热情。但对于完美型的唐僧而言，他希望你能够更加深思熟虑一些，同时希望你能够让他也跟得上来。

2. 活泼型的人随兴而至的特点，使得他们到处受到欢迎，也使得他们背后饱受指责。他太需要学习如何对承诺负责了。请参考本课“最后的忠告”。

3. 活泼型的人通常都喜欢说话，却不善于倾听。在活泼型的人绘声绘色而又令人眼花缭乱的谈话方式面前，完美型的人就会变得更加沉默。要是大部分时间只有一个人说话，那这场对话就很难说得上是有效的沟通了。因此，活泼型的你有必要让自己学会倾听，学会用商量的口吻说话，同时尽可能地多给完美型的对方一些思考的时间。

4. 注意说话的态度，不要在完美型的人面前显出过于强硬的样子，否则他会认为你是一个以自我为中心的人。活泼型的人通常说话的语调较高，应该设法让语气缓和下来。活泼型的人通常习惯于用很夸张的肢体语言示意，这种夸张的肢体语言能够引人注意，却也容易被认为是自鸣得意，遭到反感。

5. 与力量型的人一样，完美型的人也是以工作为中心的，虽然两者之间的风格完全不一样。他们不喜欢看到活泼型的人漫不经心的样子，希望活泼型的人在一些原则性的重要问题面前能够变得认真起来，包括：守时、讲究礼仪、不说废话以及遵守承诺等。他们还希望活泼型的人能够注意控制自己的情感，能够让自己的表情与现场的气氛相协调，能够把注意力集中到工作上来。

6. 完美型的人在办事时，喜欢一切都井井有条，而活泼型的人却不那么循规蹈矩，这是两者之间关系紧张的一个根源。如果你能够坚持工作的高标准，能够做到工作有计划，能够严格执行和不断改进工作的程序，那么你就会发现完美型的人是一个相当不错的工作伙伴。因为，完美型的人总是愿意帮助你做得更好一些，这样你就能够得到进步。

与孙悟空的友好相处之道

作为一个活泼型的团队成员，猪八戒其实完全可以赢得孙悟空的支持。对于猪八戒生机勃勃、有声有色的行为风格，力量型的孙悟空也应该是颇为欣赏的。

猪八戒应该正视的一个问题是，力量型的孙悟空做事讲究实效而且喜欢指使人。在情绪化的活泼型的人看来，这种强迫他们面对困难的做法简直令人深恶痛绝。同样的，对于力量型的人来说，活泼型的人的情绪化也会让他们感到很不踏实。因为力量型的人的性格特点，他们总是强调不达目的决不罢休的意志力，而活泼型的人却恰恰缺少这种意志力，经常半途而废。

为了帮助活泼型的猪八戒与力量型的孙悟空建立起更为有效的协作关系，我在这里给出下列建议，请各位活泼型的读者参考执行：

1. 与完美型的人一样，力量型的人也是以工作为中心，而且他们更加强调工作的实际效果。活泼型的人则是以人为中心，强调人的感受。因此，为了能够更好地与力量型的伙伴共事，你需要把注意力向工作任务这个方面转移，包括：守时、讲究礼仪、不说废话以及能够吃苦耐劳等。同时还要注意控制自己的情感，不要让自己的情绪对工作环境造成负面的影响。

2. 力量型的人没有多余的话，同时也希望别人都有明确的目标，并且清楚如何实现这些目标。活泼型的人是天生的乐观主义者，但他们却很难建立一个明确的目标。猪八戒与孙悟空之所以关系紧张，这可能是一个根源。因此，活泼型的人有必要养成一种办事有计划以及按照计划办事的习惯。要说到做到，用事情的结果和力量型的伙伴说话。

3. 与力量型的人谈话，他们希望你说话简明扼要，同时能够提供具体的数据和材料。活泼型的人讲话往往比较零乱，天马行空，不切实际。因此，活泼型的人能否准备充分，并且使用一种务实的态度和严密的思维来讨论工作，就成了双方共事的一个关键。

4. 由于力量型的人天生的意志力，他们喜欢争强好胜，并且能够在反对声中成长。活泼型的人如果与之意见相左，就很容易发生摩擦。因此，活泼型的人要避免与力量型的伙伴发生权力上的争斗，最好是采用巧妙的方法来说服他。

与沙和尚的友好相处之道

作为一个活泼型的团队成员，猪八戒其实完全可以赢得沙和尚的支持。对于猪八戒热情友好、关心别人的行为风格，和平型的沙和尚也应该是颇为欣赏的。

猪八戒应该正视的一个问题是，和平型的沙和尚总是喜欢扮演“老好人”的角色。在坦诚直率的活泼型的人看来，这种息事宁人、有话不说的做法简直令人无可奈何。同样的，对于和平型的人来说，活泼型的人的坦诚直率也会让他们感到很紧张。因为和平型的人的性格特点，他们总是过分强调人际关系的和谐，不愿意把不愉快的事情摊到桌面上来，不肯坚定地表明自己的立场，生怕冲突继续扩大，而总是想捂住冲突的盖子。而活泼型的人却总是口没遮挡，想到哪儿就说到哪儿，让做老好人的和平型的人左右为难。

为了帮助活泼型的猪八戒与和平型的沙和尚建立起更为有效的协作关系，我在这里给出下列建议，请各位活泼型的读者参考执行：

1. 在所有的性格类型中，和平型的人可能是最典型的慢性子。活泼型的人那种风风火火的快节奏会让他们感到非常窘迫，甚至会打乱他们的工作程序。他们都习惯于慢条斯理地做决定和行动，任何催促都会让他们感到紧张。为了友好相处，你需要放慢说话和工作的节奏，以便能够与他们协调起来。

2. 活泼型的人通常都喜欢说话，却不善于倾听。在活泼型的人绘声绘色而又云山雾罩的谈话方式面前，和平型的人就会变得更加沉默，甚至会一言不发。为了建立有效的沟通，活泼型的你有必要让自己学会倾听，并且培养对方参与谈话的积极性。

3. 由于性格的差异，和平型的人很可能会误认为你是一个专横的人，他们不愿意总是受到来自你的催促。所以，注意你的态度不要太强硬，尽可能地使用谦让的做法，通过商量和双赢的合作方式，共同找到有关问题的解决办法。

4. 和平型的人虽然少有热情，却很乐于助人。同时，他们也希望能够得到别人的关心和帮助。真心实意地听他们说话，就是一种表示关心的方式。此外，还应该多多肯定他们所做出的贡献，尽管他们都比较内向，但他们内心也很期待别人表扬他们。在他们受到某种精神压力时，如果你能够及时伸出援助之手，他们会非常感激。

最后的忠告

尽管我们说了很多，但活泼型的猪八戒们可能仍然会漫不经心、固执己见。他们并不认为自己做错了什么，因为他们一直在努力做自己认为对的事。不过，下面的忠告也许是“猪八戒们”所乐意接受的：

1. 不要言过其实。活泼型的人是出色的演讲者，他们比其他性格的人能说会道。他们喜欢哗众取宠，而且具有丰富的想象力，难免把一件事吹得神乎其神。在别人看来，言过其实就意味着说谎，可他们自己似乎并不觉得。

2. 不要食言。活泼型的人的记忆力似乎总是不太好，与他们相处可能很有趣，可是他们转眼就把别人的姓名、讲过的事情、做过的承诺给淡忘了，以至于人们总是觉得活泼型没心没肺、喜欢食言、不可信任。因此，活泼型的人有必要养成做笔记的习惯，或者随手将自己做出的承诺记录在醒目的地方，同时拟订妥善的计划，明确各个步骤的先后次序，并将自己的活动严格按安排执行。

3. 不要变化无常。一旦做出了决定，就应该坚定不移地执行下去。即使你感到后悔，也要克制自己。只有这样，等到下次做决定时你才可能更加谨慎。在对待朋友方面，要把别人的需要放在首位，而不仅仅是注重自我表现。

4. 不要急于表现自己。多看，多听，多思考，这样你讲起话来就会言之有据。不要打断别人的讲话，这样不礼貌。急于表现自己不是一个好习惯，会让你显得肤浅、轻浮、爱出风头，以至于招人反感。

5. 学会做计划。活泼型的人条理性总是很差，如果事先能够做好计划，情况就会好很多。

6. 培养耐心。活泼型的人在困难面前总是显得耐心不足。困难是难免的，没有耐心，再好的计划也会半途而废。活泼型的人如果想要有所成就，就必须培养自己的耐心，让自己能够持之以恒、善始善终。

思考题

如果你是一位活泼型的“猪八戒”，请重读本文，把对你最有用的忠告记在下面：

第二十三课 >>>>

做一个有团队精神的沙和尚

和平型的优势与缺点

和平型的沙和尚非常在意人际关系的和谐和团队生活的稳定。他很容易相处，与每一位团队伙伴都能保持友好的关系。尽管他没有孙悟空的七十二般变化，甚至连猪八戒的三十六般变化也没有，但他却是整个团队组织的稳定器。我们无法想象，当遭遇风暴袭击的时候，如果缺少这样镇定自若的伙伴，我们的团队生活该是怎样的风雨飘摇啊！沙和尚用他的冷静和耐心，维系着整个取经团队的稳定。

但是，过分地强调和谐，事实上就可能造成过分地避免冲突。和平型的沙和尚从来不愿意把不愉快的事摊到桌面上，从来不肯坚定地表明自己的立场。为了息事宁人，他总是想捂住冲突的盖子。为了维持友好，他甚至会刻意隐瞒事情的真相。人们不知道沙和尚的葫芦里到底卖的是什么药，久而久之，就会产生猜疑和抱怨情绪。这是沙和尚的悲哀，也是许多和平型人的悲哀。

和沙和尚一样，和平型的人有许多值得肯定的性格优势。然而，如果用过了头，或者运用不当，性格上的这些优势就会变成令人讨厌的缺点。例如：

1. 说话得体是一种性格优势，如果用过了头就会变成逃避冲突、言不由衷；

2. 乐于助人、有求必应是个好习惯，可是由于不善于拒绝某些无理的要求，就会变得忍气吞声，缺少正气；

3. 安静、随和的性格优势使得他人缘极佳，但也容易使得他有得过且过、懒惰、马虎的毛病；

4. 安分守己的和平型的人绝对不会成为团队的麻烦人物，但不愿意惹是生非的心理，使得和平型的人不愿意主动承担责任，不愿意冒任何风险，不愿意指责别人，也不愿意受到别人的指责，易造成听天由命、不思进取的消极态度。

与唐僧的友好相处之道

作为一个和平型的团队成员，沙和尚其实完全可以赢得唐僧的支持。对于沙和尚不慌不忙、温文尔雅的行为风格，完美型的唐僧也应该是颇为欣赏的。

沙和尚应该正视的一个问题是，完美型的唐僧是一个追求卓越的人。在缺乏热情的和平型的人看来，这种完美主义的倾向简直不可思议。同样的，对于完美型的人来说，和平型的人的担忧和畏缩也会让他们感到很恼火。因为性格特点，完美型的人总是习惯于为理想而奋斗，而和平型的人却总是让他们泄气。

现在的问题是，在完美型的唐僧面前，和平型的沙和尚究竟应该怎么做呢？我在这里给出下列建议，请各位和平型的读者参考执行：

1. 与力量型的人一样，完美型的人也是以工作为中心的，虽然两者之间的风格完全不一样。他们不喜欢看到和平型的人漠不关心的样子，希望和平型的人在一些原则性的重要问题面前能够变得认真起来，包括：守时、注意小节、把握重点、有话直说等。他们还希望和平型的人能够鼓起自己的勇气，让自己变得积极主动起来。

2. 和平型的人安静、随和、迁就他人的特点，使得他们人缘极佳，也让他们显得松松垮垮、没有精气神。因此，在完美型的唐僧面前，特别是讨论正式的事情时，和平型的人应该让自己变得严肃起来。

3. 完美型的人在办事时，喜欢一切都井井有条。如果你能够坚持工作的高标准，能够做到工作有计划，认真走好每一步，同时注意严格照章办事，那么，你将会赢得完美型的人的嘉许，从而有助于更好地建立你们之间的伙伴关系。

4. 在向完美型的人陈述意见或提出建议时，讲话要严密、具体，要以事实为依据。在谈话之前先做好充分的准备，最好提供书面的证据，同时注意集中精力谈正题。

5. 完美型的人在谈话时，往往会提供大量的信息。你可能对其中的许多细枝末节不感兴趣或不以为然，但你一定要耐心地倾听，并且积极地参与进去。假如你只是装作很感兴趣的样子，以完美型的人的敏感，迟早是会发觉的。

与孙悟空的友好相处之道

沙和尚应该正视的一个问题是，力量型的孙悟空做事讲究实效而且行动快捷。在情感内敛的和平型的人看来，这种以工作为中心的行为风格简直太不近人情了。同样的，对于力量型的人来说，和平型的人的慢条斯理也会让他们感到很不耐烦。力量型的人总是喜欢穷追不舍，而和平型恰恰讨厌别人的强迫，这可能就是和平型与力量型来往不多或关系紧张的一个根源。

为了帮助和平型的沙和尚与力量型的孙悟空建立起更为有效的协作关系，我在这里给出下列建议，请各位和平型的读者参考执行：

1. 与完美型的人一样，力量型的人也以工作为中心来考虑问题，而且他们更加强调工作的实际效果。和平型的人则是以人为中心，强调人的感受。因此，为了能够更好地与力量型的伙伴共事，你需要把注意力向工作任务这个方面转移，包括：守时、讲究礼仪、不说废话，以及务实和吃苦耐劳等。

2. 力量型的人做任何事情都是快节奏的。因此，你有必要加快工作的速度，以适应他们的节奏，包括：加快走路、说话、行动的速度，充分利用时间，及时处理问题，迅速执行计划，按时完成任务，对信息做出敏捷的反应等。一旦你能够与他们配合默契，自然能够密切双方的关系。

3. 力量型的人似乎总是那样精力充沛，所以他们不喜欢看到你蔫头耷脑的样子。你应该尝试增加声音的力度，保持神采奕奕的站姿，总之，应该在你的举手投足、音容笑貌中显示出充沛的精力。

4. 力量型的人通常情绪比较稳定，不喜欢眼泪。因此，你一定要知道如何克制自己的情感，同时又不能显得过于冷漠或超然。

5. 在所有的性格类型中，力量型的人最重视目标的作用，也希望别人也有明确和切实可行的目标。和平型的人呢？他们在确立目标和制订计划方面是相当随便的，这可能也是沙和尚与孙悟空之间关系紧张的一个根源。因此，和平型的人有必要学会如何设立工作目标，所设立的目标既要远大，又要有实操性。

6. 和平型的人喜欢把自己的想法捂在心里，说话时往往采用试探的口气和迂回的方法。力量型的人则喜欢直来直去，因而会对和平型的人吞吞吐吐的表达方式感到窝火。因此，和平型的人应该培养自己有话直说的勇气。

7. 与力量型的人谈话，他们希望你说话简明扼要、实事求是。和平型的人讲话往往比较自由散漫。因此，和平型的人能否准备充分，并且使用一种务实的态度和严密的思维来讨论工作，就成了双方能否顺利共事的一个关键。

8. 当和平型的人与力量型的人意见相左时，他们往往会回避与力量型的人争辩，甚至会因此放弃一些应该坚守的原则。正确的做法应该是，一方面避免与力量型的伙伴发生权力上的争斗，另一方面积极采用巧妙的方法来说服他。

与猪八戒的友好相处之道

作为一个和平型的团队成员，沙和尚很容易赢得猪八戒的支持。对于沙和尚友善随和、关心别人的行为风格，活泼型的猪八戒也是颇为欣赏的。

沙和尚应该正视的一个问题是，活泼型的猪八戒总是喜欢风风火火地瞎折腾。在安静懒散的和平型的人看来，这种说风就是雨的做法简直令人感到莫名其妙。同样的，对于活泼型的人来说，和平型的人的慢性子也让他们感到很无奈。活泼型的人总有层出不穷的新主意，想到哪儿就说到哪儿，说到哪儿就要做到哪儿，图的就是一个新鲜。而和平型的人却总是畏畏缩缩的，怎么也鼓动不起来，容易让爱热闹的活泼型的人感到扫兴。

为了帮助和平型的沙和尚与活泼型的猪八戒建立起更为有效的协作关系，我在这里给出下列建议，请各位和平型的读者参考执行：

1. 活泼型的人常常有一些突如其来的想法，做任何事情都是风风火火的。因此，你有必要加快工作的速度，以适应他们的节奏，包括：充分利用时间，及时处理问题，对信息做出敏捷的反应等。

2. 由于活泼型的人很难对一件事长时间地保持耐心，所以难免会出现先急后拖的现象。对此，你要有足够的思想准备，并采取积极妥当的应对措施。

3. 在活泼型的人绘声绘色而又云山雾罩的谈话方式面前，和平型的人会变得更加沉默，甚至于一言不发。为了建立有效的沟通，你有必要培养自己积极参与谈话的兴趣。活泼型的人说话爽直，干脆利落，你也应该有话直说，不要吞吞吐吐的，不要过多地采用试探的口气和迂回的方法。活泼型的人喜欢从宏观的角度看待事物的发展，所以你也应该集中注意力谈论最重要的事，不要在一些细枝末节的琐碎小事上纠缠。

4. 活泼型的人喜欢为自己确立努力的方向，喜欢按自己的方式办事，可做起事来却总是虎头蛇尾或粗枝大叶。你也许会嘲笑他，但这样对你们之间的关系不好。一方面，你应该让他放开手脚去做；另一方面，你也要在关键的时候提醒他对一些重要的问题负责。

最后的忠告

尽管我们说了很多，但和平型的沙和尚们可能仍然会不以为然、固执己见。他们并不认为自己做错了什么，因为他们一直在努力做自己认为对的事。不过，下面的忠告也许是和平型的人所乐意接受的：

1. 设法培养自己的热情。在伙伴们眼里，和平型的人最令人懊恼的缺点就是他对任何事情都缺乏热情。他们似乎对任何目标都是半信半疑或不以为然。如果说活泼型的人是一团火，那么和平型的人就是一潭深水，神秘，能够包容一切，却很难激起一点儿波澜。无论是家庭生活，还是团队生活，无论别人怎样兴奋地向他们描述一项美好的计划，都会像一团火沉入死水一样，弄得别人心灰意懒。和平型的人也许也有自己的愿望，可是，如果他们不振作起来的话，就只能等着天上掉馅饼了。

2. 不要得过且过。和平型的人最主要的表现就是懒惰，从表面上看，这一点好像与完美型的人很相似。其实呢，完美型的人是在不停做准备工作，总是希望每个细节都能够准备得完美无缺。和平型的人却不一样，因为他们根本就不愿意做。他们总是得过且过，所以很难有所进步。

3. 敞开胸怀，表达自己。和平型的人谨小慎微的性格，使得他们总是深藏不露，这让他们避免了许多麻烦，也扼杀了他们与别人之间建立美好的关系。敞开胸怀，增加沟通，勇于表达自己的意见和感受，你将获得更多的友谊和进步的机会。

4. 要有主见。在团队生活与社交活动中，和平型的人总是习惯于让别人做决定。他自己不是没有能力做决定，只是不愿意做决定而已。和平型的人认为不做决定，当然就不需要对任何结果负责。可是，如果没有主见，他怎么能够挺直腰杆，去堂堂正正地做一个人呢?

5. 激发你自己的潜力，勇敢地做出尝试，让自己每天有一些新的和好的改变。

思考题

如果你是一位和平型的沙和尚，请重读本文，把对你最有用的忠告记在下面：

____

____

____

____

第二十四课 >>>>

做一个有团队精神的唐僧

完美型的优势与缺点

追求完美是唐僧考虑问题的一个重点，他的座右铭是："因为值得做，所以要做好。"与孙悟空在乎速度不一样，唐僧在乎的是质量和完成度。这种对完美近乎苛刻的追求，使得完美型的唐僧成了有深度的人，成了取经团队的灵魂、智慧与精神的高地。在现实的社会生活中也是这样，如果没有完美型的存在，人类社会就会陷入整天忙忙碌碌，却永远不会进步的境地。

唐僧一样的完美型的人有许多值得肯定的性格优势。然而，如果过了头，这些性格上的优势就会变成令人讨厌的缺点。例如：

1. 完美型的人有一种为了理想而自我牺牲的精神。与此同时，这种自我牺牲也往往会表现出过度奉献的倾向。

2. 过分地追求完美，就会转化为一种完美主义。完美主义者不仅对自己要求很严，而且也习惯于为别人设立难以达到，甚至难以理解的高标准。无论你干得多么出色，他们永远不满意。和这种人共事，的确令人扫兴。《西游记》的读者之所以为孙悟空鸣不平，也盖因如此。

3. 完美型的人的工作信条是："欲速则不达。"他们喜欢研究问题和做计划，注重细节的完美。可是，过分谨慎就会变得优柔寡断，以至于贻误战机或成本失控；

4. 完美型的人做事有条有理。然而，过分强调条理和程序，很容易陷入僵化。

与孙悟空的友好相处之道

作为一个完美型的人，唐僧其实完全可以凭借自己的性格魅力，来赢得孙悟空的支持。对于唐僧那种为了工作甘愿奉献的精神，力量型的孙悟空也应该是颇为欣赏的。

唐僧应该正视的一个问题是，力量型的孙悟空走路、说话和决策都比较快。在慢条斯理的完美型的人看来，这样的快节奏有时候来不及反应。同样的，对于力量型的人来说，完美型的人的慢条斯理也会让他们感到很不自在，会急得他们心如火燎，因为他们总是习惯于说干就干。

现在的问题是，在力量型的孙悟空面前，完美型的唐僧究竟应该怎么做呢？我在这里给出下列建议，请各位完美型的读者参考执行：

1. 力量型的人讲究办事效率，通常节奏都很快。孙悟空一个筋斗十万八千里，就是一个典型的例子。完美型的人只有加快工作的节奏，才能更好地支持力量型伙伴的工作，并最终形成配合上的默契。包括：加快走路、说话、行动的速度，充分利用时间，果断做出决定，及时处理问题，按时完成任务，对信息做出敏捷的反应等。

2. 力量型的人似乎总是那样精力充沛，而完美型的人却总是面带忧愁。你一定学会理解你的忧愁，并且尝试着：增强声音的力度，保持神采奕奕的站姿。总之，你应该在你的举手投足、音容笑貌中显示出生机与活力。

3. 完美型的人爱思考，通常会比其他人更有兴趣探索那些具体的细节，并且热衷于理论的探讨。可是，力量型的人并不是很关心问题的理论因素，他们更关心的是怎样取得理想的结果。当你与力量型的伙伴相处时，就应该围绕如何解决问题展开探讨，不要沉湎于细节或理论。

4. 完美型的人喜欢把自己的想法捂在心里，说话时往往采用试探的口气和迂回的方法。力量型的人则喜欢直来直去，并因此对完美型的人转弯抹角的表达方式感到困惑。内敛的完美型的人，需要培养自己有话直说的勇气，并且学会用务实的态度讲话。

5. 力量型的人喜欢为自己确立目标，同时希望按自己的方式办事，对于束缚他们手脚的条条框框会感到很恼火。所以，你通常只需要把握宏观的问题，至于如何完成具体的工作任务，你应该尽量让力量型的伙伴自己去自由发挥。如果有必要，你也可以提供两个方案供他们挑选。

6. 很多时候，完美型的人会回避人与人之间的冲突和矛盾，而力量型的人却很可能把这种回避当作你对他的一种认同。在这个时候，你应该明确表明自己的主张，避免力量型的人对你的误会。

与猪八戒的友好相处之道

完美型与活泼型的差异相当大，一个性格活跃，一个性格深沉。一个风风火火，一个思考周密。尽管如此，完美型的人却通常喜欢与活泼型的人做伴，因为活泼型的人那种乐观的态度，往往可以帮助完美型的人减少一些不必要的犹豫。

唐僧应该正视的一个问题是，活泼型的猪八戒说起话来总是云山雾罩的，叫人摸不着头脑。在一本正经的完美型的人看来，这种言过其实的毛病简直是不负责任的乱弹琴。同样的，对于活泼型的人来说，完美型的人的吹毛求疵也让他们感到很没趣。活泼型的人做事总是杂乱无章，想到哪儿就说到哪儿，说到哪儿就要做到哪儿，图的就是一个乐呵。而完美型的人却总是强调工作、责任和标准，让贪玩的活泼型的人感到很扫兴。

为了帮助完美型的唐僧与活泼型的猪八戒建立起更为有效的协作关系，我在这里给出下列建议，请各位完美型的读者参考执行：

1. 对于活泼型的人而言，人与人之间的友好和相互了解是相当重要的。他们讨厌那种正规严肃的气氛，他们喜欢营造一种浓浓的人情味，喜欢与同事建立起私人之间的联系。作为完美型的你，最好能够用一种自由而又随和的态度，开始或增加与他们之间的私人交往。

2. 活泼型的人常常会突如其来地异想天开，所以你有必要对他们的想法做出及时的反应，说话把握重点，充分利用时间，以适应他们的节奏。

3. 由于活泼型的人很难对一件事长时间地保持耐心，所以难免会出现先急后拖的现象。对此，你要有足够的思想准备，并采取积极妥当的应对措施。

4. 活泼型的人说话爽直，干脆利落。你也应该有话直说，不要吞吞吐吐的，不要过多地采用试探的口气和迂回的方法。说话一定要把握重点，免得跟他们纠缠在无休无止的谈话中。

5. 活泼型的人在受到表扬时，心里是非常高兴的，尤其喜欢在公开场合受到表扬。你应该设法恰到好处地满足他们喜欢荣誉的性格（最好是用幽默的方式）。

6. 活泼型的人在人群中是最风趣、最爱开玩笑的，这就是读者们喜欢猪八戒的主要原因。翻开《西游记》，你会发现猪八戒的俏皮话真是令人忍俊不禁。因此，你应该肯定活泼型爱开玩笑的特点，设法让谈话气氛更加愉快起来，在你和活泼型的同事之间营造一种美好的友谊。而且，相比于闷声不响地埋头苦干，在轻松愉快的工作气氛中所产生的绩效，显然要高出许多。

与沙和尚的友好相处之道

和平型的人堪称是遵守工作纪律的模范，是整个团队组织稳定的基础。作为和平型的团队成员，沙和尚很容易赢得唐僧的支持。唐僧和沙和尚都是慢性子，配合起来比较协调。对于沙和尚安静随和、富于耐心的行为风格，完美型的唐僧也是颇为欣赏的。

唐僧应该正视的一个问题是，和平型的沙和尚总是喜欢扮演老好人的角色。在注重人品的完美型的人看来，这种息事宁人、隐瞒事实的做法，无异于藏污纳垢。同样的，对于和平型的人来说，完美型的人的敏感和严格也会让他们感到不能理解。因为和平型的人的性格特点，他们总是过分强调人际关系的和谐，不愿意把不愉快的事情摊到桌面上来，不肯坚定地表明自己的立场，生怕冲突继续扩大，而总是想捂住冲突的盖子。而完美型的人却很喜欢琢磨问题，继而对做老好人的和平型的人产生猜疑。

为了帮助完美型的唐僧与和平型的沙和尚建立起更为有效的协作关系，我在这里给出下列建议，请各位完美型的读者参考执行：

1. 和平型的人对待每个人都是小心翼翼的，唯恐惹起冲突和不愉快。当然，这些“沙和尚”也希望别人能够同样地在乎他们。虽然他们一般不会惹是生非，但如果你想赢得他们的友谊，就应该用一种平等、随和、适度热情的方式，与他们真诚相处，千万要避免姿态清高。

2. 和平型的人看重人的情感，所以不希望别人仅仅只是利用他们。为了与他们友好相处，你应当更加注意感情的因素——关心他们的感情，也注意表达自己的感情。在谈话时，要注视对方，琢磨对方一颦一笑和语言的含义。在讲话中要多使用婉转的语气，用微笑传递自己的善意，同时还可以用体态来传递更加丰富的情感。

3. 和平型的人虽然少有热情，却很乐于助人。同时，他们也希望能够得到别人的关心和帮助。真心实意地听他们说话，就是一种表示关心的方式。此外，还应该多多肯定他们所做出的贡献，尽管他们都比较内向，但他们是很喜欢别人表扬他们的。在他们受到某种精神压力时，如果你能够及时伸出援助之手，他们是会非常感激的。

4. 和平型的人喜欢在稳定有序的环境中工作，因此，你给和平型的人安排的工作尽可能地减少一些不确定性。如果你能够帮助和平型的人明确自己承担的角色、努力的方向和工作的程序，他们就会工作得更出色。

5. 和平型的人比较关心组织生活中人的作用，而完美型的人则倾向于以工作任务为中心。因此，你应该把工作中出现的问题和你的思考，与人的因素结合起来。而且，你也有必要请和平型的人就影响到他们切身利益的事发表意见。他们喜欢有人征求他们的意见。

6. 和平型的人有些懒散，缺乏主见。他们需要伙伴们的鼓励，需要有人帮助他们建立目标。只要你愿意花时间帮助他们拟订计划，并且解释这么做的好处，就能够让他们完成更多的工作。他们非常需要你的推动。

最后的忠告

尽管我们说了很多，但完美型的唐僧们可能仍然会自作聪明、固执己见。他们并不认为自己做错了什么，因为他们一直在努力做自己认为对的事。不过，下面的忠告也许是唐僧们所乐意接受的：

1. 强调积极的心态。完美型的人多才多艺，但很容易抑郁，所以才会有那么些多愁善感的文艺作品问世。性格的驱动力使得他们总是记住那些负面的东西，情绪容易低落，感情容易受到伤害。完美型的人必须认识到，事物永远有两面性，有积极的一面和消极的一面。只要强调事物中积极的因素，就能够让心情快乐起来，而情况也会奇迹般地越来越好。

2. 学会自我认同。完美型的人喜欢自我评价，由于天生消极的倾向，他们对自己的评价十分苛刻。他们喜欢来自别人的肯定和赞美，虽然他们很可能会在事后表示反对。完美型的人之所以有这种心理现象，实际上是因为没有安全感。在所有性格类型中，完美型是最有潜力取得成功的，但心理上的不安却很容易让他们产生自我否定的念头。

3. 不要拖拖拉拉。“万事开头难”这句成语，对于完美型的人而言，简直是太准确了。他们总是下意识地避免开始做某个计划，总是喜欢为某个计划搜集大量的资料，因为他们害怕失败。只是这样一来，许多工作就会无限期地拖下去。完美型的人必须设法让自己果断地做出决定。

4. 放宽评价的标准。无论是对人还是对工作，无论是对自己还是对别人，完美型的人的标准通常都偏高。这种近乎吹毛求疵的苛刻，不仅给自己带来许多遗憾，而且也给人际关系带来了阴影。所以，完美型的人应当谨记，凡事不可强求，世事难以尽善尽美，适当地放宽评价的标准，就会立即拥有一个海阔天空和风清云淡的世界。

5. 学会因势利导。只有这样，才可能在不遭到反感的情况下，把你要做的事业推向前进。

思考题

如果你是一位完美型的唐僧，请重读本文，把对你最有用的忠告记在下面：

第二十五课 >>>>
隐藏在性格深处的秘密

从《西游记》里面读到的启示

每个人都想拥有快乐与自由的人生，但在另一方面，却又要面对一系列的困难。困难是什么呢？困难就是我们受到的局限。

局限究竟是什么造成的？《西游记》的说法是：性格，我们每个人各自的性格。我们在前面分别讲述过唐僧师徒四种性格类型的优势和缺点，恰好就是那些缺点，造成了我们的不完整和局限。

这个世界充满了启示。毫无疑问，《西游记》就是这样一部启示之书。我在下面列述的，是我从《西游记》里面读到的启示：

1. 我们每个人都生活在各自的性格里，那既是我们的优势，也是我们的局限；

2. 注意你的性格优势，在你的职业生活中充分发挥这些性格优势的作用，因为它们是你成就个人职业生涯的重要资源；

3. 在肯定自己的性格优势的同时，也要清楚地意识到自己的局限，这样就可以防止自己的性格在自以为是的盲目行动中误入极端；

4. 了解自己和别人的性格，这一方面可以有效地避免性格冲突的发生，另一方面也可以在优势互补的基础上，建立起协同互助的工作关系。

每个人都会受困于自己的局限性

局限有一个被人们用得很频繁的近义词，叫作缺点。事实上，当我们关注到自己的缺点时，那就意味着我们在扩大自己的局限。

曾经有人问我："有没有办法弥补我们性格中的缺点呢？"我的回答是："有，那就是向性格完全相反的人学习。"例如，让唐僧学习猪八戒的活泼开朗，让猪八戒学习唐僧的谨慎周密；让孙悟空学习沙和尚的冷静和耐心，让沙和尚学习孙悟空的勇敢与坦率。

但现在我要追问："这样的办法真的有效吗？"根据我自己十几年来的观察，成效甚微，很难找到一个特别有效的案例。例如，每当我们要求完美型的人像猪八戒那样热情奔放，就会让他惊恐不安，因为他会把那些“随意的言行”理解成“放肆”与“轻浮”。同样的，力量型的人会把“低调”与“耐心”理解成“失去控制”，和平型的人也会把“积极主动”理解成“冒失”和“冒险”。

无论我们拥有多少知识，无论我们掌握了多少方法论，我们依然会受困于自己的局限性。这就是《西游记》有趣的地方，它不仅生动活泼地讲述了四种性格的故事，而且把那些受困的经历写成了一次一次的劫难，在每一次劫难里面，都住着一个妖魔。

局限性意味着我们受到了妖魔的制约。按照《西游记》的说法，只有当妖魔被降伏时，制约才会被解除，局限才会被打破；与此同时，智慧才能得到释放。

在释迦牟尼还没有成为释迦牟尼之前

接下来，我要跟你们讲述如来佛的故事。他被人们尊称为释迦牟尼，意思是“释迦族的圣人”。如果追溯得更远一些，在释迦牟尼还没有成为释迦牟尼之前，他究竟是谁呢？他是迦毗罗卫国的悉达多王子。

从表面上看，悉达多王子出身于富贵家庭，理应享受衣食无忧的幸福生活。但是在他刚刚出生第七天的时候，他的母亲摩耶王后就因病去世了，孤单的童年和尔虞我诈的政治斗争，使得他在惊恐不安和重重的疑虑中成长为一个完美型性格的人。到了青少年时期，悉达多王子越发厌倦那种华而不实的宫廷生活。他总是喜欢一个人出门，在游历中思考人生的意义。

有一天，他在王城的东门看见一个驼背老人，手扶竹杖，步履艰难地走着。他立即联想到自己，无论多么有权有势，将来也一定会老去，也一定会处于类似的凄凉晚景。他为此感到无限愁苦。

另一天，他在南门看见一位病人，面色蜡黄，形容枯槁，气喘呻吟，痛苦万分。悉达多王子马上又联想到了自己。他知道，无论他拥有多大的权势，无论他能够请到怎样的神医，最终都逃脱不了病魔的蹂躏。他对那神秘而又可怕的病魔感到无限惊慌。

又有一天，他在西门看见一位死者，僵卧在血污之中，散发出难闻的尸臭。悉达多王子知道，他自己也会在某个不确定的日子里死去。他对那冥冥中不可预知的死亡感到无限恐怖。

悉达多王子在苦苦地思索：人生在世，忙忙碌碌，争争斗斗，究竟是为了什么？于是，在一个静悄悄的月夜，他吻别了熟睡中的妻儿，跨上白马，离开了王宫，到一百里以外的深山老林中隐居了起来。这样就意味着，他抛弃了许多人梦寐以求的荣华富贵，开始体验一种苦行僧式的简朴生活。

这一天，消瘦和饥饿的悉达多在行走中昏倒在尼连河边。有牧羊女子救活了他。她从母羊身上挤出乳汁，蒸成乳糜，喂给他吃。这样供养了他好多天，让他终于恢复了生命的元气。这个过程让他得到了启发，于是他来到一株高大茂密的菩提树下静坐了很久，最终觉悟到生命的真相。我们把释迦牟尼称为“佛”，“佛”就是觉悟者的意思。

觉悟意味着局限已经被打破了。与此同时，智慧的光芒也已经照进了黑暗。从此之后，释迦牟尼一改从前多愁善感的性格特点，变得心情开朗了起来。“大肚能容，容天下难容之事；开口常笑，笑世上可笑之人。”完美型和活泼型两种截然相反的性格特点，在他身上交相辉映。

隐藏在性格深处的秘密

每一种性格都有偏执之面。这种偏执，就是人们常常说到的“江山易改，秉性难移”。然而，难移其实也意味着可移。随着我们对自我有了越来越多的理解，我们的确可以一次一次地打破性格的局限，让我们的性格变得更好、更完善。

我们的自我探索之旅，也可以像悉达多王子那样，追溯到自己的生命起源。性格的形成，也许与遗传基因有关，但我们可以查找的印记，却大多指向了童年。例如：1. 想要得到，造成了粗暴、强硬、争夺和控制，并最终塑造了力量型的小孩；2. 害怕失去，造成了依赖、迁就和消极的公关主义，并最终塑造了和平型的小孩；3. 活泼型的小孩，在形形色色的诱惑和虚荣中长大，因此学会了善于讨好和自我表现，并最终成长为积极的公关主义者。4．还有孤独，造成了猜疑、警惕和不断深入的思考，并最终塑造了完美型的小孩。

让我们继续想，往里面想，隐藏在性格深处的秘密是什么？是恐惧，是我们在童年时代对恐惧的不同经历和体验，塑造了我们各自不同的性格。那些形形色色的妖魔，其实都是恐惧的产物，它们就住在我们的性格里面。等到我们长大以后再次经历相似的恐怖情境，那些形形色色的妖魔就会从阴暗处（《西游记》把它们比喻成一个个山洞）跑出来，困扰我们。

很少有人敢于面对自己的恐惧。我们总是在逃避它，并且被它操控着，成为它的傀儡。即使强硬如力量型，其实也一直被操控在恐惧的魔爪之下。除非我们能够勇于面对自己的恐惧，接纳它，理解它，我们才可能看到失联已久的真相。

在《西游记》里面，唐僧师徒所要求取的真经，其实就是与真相同在的智慧。

思考题

1. 回忆你的童年，有哪些故事对你的性格造成了重要的影响？

2. 隐藏在性格深处的秘密是恐惧。请对照你的性格特点，回答下面的问题：

① 如果你是力量型的孙悟空，请仔细想一想，究竟是怎样的恐惧，

造成了你的强硬和对效率的追求?

② 如果你是活泼型的猪八戒，请仔细想一想，究竟是怎样的恐惧，造成了你的种种幻想和对快乐的追求?

③ 如果你是和平型的沙和尚，请仔细想一想，究竟是怎样的恐惧，造成了你的得过且过和忍耐?

④ 如果你是完美型的唐僧，请仔细想一想，究竟是怎样的恐惧，造成了你的惊疑、忧虑和犹豫不决?

第二十六课 >>>>
成佛是什么意思？

唐僧师徒的心路历程

话说唐僧师徒四人，在经历了十四个严寒酷暑之后，终于到达西天。在灵山脚下，他们遇到了玉真观金顶大仙。想来也很有意思，金顶大仙是道教中人，怎么跑到佛教圣地来修了一座道观呢？只见那金顶大仙笑道："观音菩萨当年说，取经人两三年就能到达这里，怎么圣僧如今才到呀？"唐僧有些羞涩地回了一笑，不知道怎么回答。

我们在前面已经说过，《西游记》中的所谓西天，并不是真实的地理位置，而是心理上的西天。这个灵山也并不是地理上的灵山，而是心理上的灵山。现在的问题是，既然灵山就在我们的心中，怎么要花费那么多的时间呢？

如果你能够会心地一笑，就意味着你知道个中的曲折。没有比人更高的山，没有比心更远的路，人的一生，其实就是一段山重水复的心路历程。我们常说的“咫尺天涯”，大约就是这种感觉吧？因此，许多人走了一辈子，连“灵山”的方位都找不到。当你问到什么是灵山，他们就会一脸的茫然。

唐僧师徒历经十四年到达灵山，花费的时间，其实不算太多。

脚踏实地才能求取真经

当天晚上，唐僧师徒住在玉真观里。金顶大仙招待他们吃了茶水斋饭，安排他们沐浴更衣，让他们美美地睡上了一觉。次日清早，唐僧披上锦襕袈裟，手持九环锡杖，登堂来拜辞大仙。

金顶大仙说：“先别忙着告别，等我送送你们。”孙悟空说：“不必你送，老孙认得路。”金顶大仙说：“你认得的是云路。可是，你们若要取得真经，还得从本路上山。”孙悟空若有所思地说：“这话讲得有道理。老孙虽然到这灵山走了几遭，每次都是云里来云里去，的确不曾脚踏实地。”

为什么一定要脚踏实地，才能取得真经呢？当年乌巢禅师向唐僧传授《心经》时，早已给出了答案：

“色不异空，空不异色”——日常的世俗生活离不开生命的灵性，生命的灵性也绝不会抛弃日常的世俗生活。

所以，一个人能否领悟生命的真义，成就幸福的人生，主要的因素不在于他是否有钱、是否有地位，以及是否有高超的技艺，而在于他是否脚踏实地。生活需要脚踏实地，工作需要脚踏实地，否则，即使你有孙悟空那样的七十二般变化，也只能是云里来云里去，到头来不过是一场虚幻。

唐僧上前施礼，说道："有劳大仙了！"金顶大仙笑吟吟，携着他的手，穿过道观的后门，便可见一座祥光五色、瑞霭千重的山峰。金顶大仙指着山峰告诉唐僧："那就是灵山，佛祖的圣境。"通往灵山的这条路为什么在道观的后门呢？这又是一个有意思的话题，与中国三教合一的文化史有关，等以后我们另做专题研究。

通往彼岸的独木桥

师徒四人一边登山，一边欢笑。不出五六里，他们又看见一道飞流激荡的活水。唐僧疑惑地问道："悟空，是不是大仙指错了路？这水势如此浩荡，又不见舟楫，怎么过得去呢？"孙悟空四处探望，忽然指着远处叫道："你看，那边有一座桥！"师徒四人近前一看，原来是一根独木桥。桥边有一块匾，上面写着"凌云渡"三个字。

唐僧看得心惊胆寒，说："一根又细又滑的木头，想要从这上面走过去，也太难了吧？"孙悟空说："我来走给你们看。"纵身跳上独木桥，脚步细碎，一会儿就到了对岸，又一会儿快步走回来，拉着猪八戒说："呆子，跟我走！"猪八戒吓得瘫倒在地，苦着脸叫道："你饶了我罢！走到中间，一脚走滑就会跌入这惊涛骇浪之中，哪里还有性命？”

孙悟空冷笑说：“须从桥上过，方能成正果。像你们这样畏畏缩缩，干脆打道回头去吧！”唐僧感叹说：“我也知道，欲成正果，必到彼岸。可是，我确实没有那么大的勇气，走这样的独木桥。”

无底船与接引佛

师徒四人正在争执，忽然看见下游有人撑着船儿过来。孙悟空火眼金睛，认得撑船的是接引佛祖，也不点破，只叫：“撑过来！撑过来！”船儿很快到了岸边，唐僧一看，吃惊地说：“你这破船无底，如何渡人？”

为什么接引佛祖的船没有底呢？因为那个底就是你的心底。你若虔诚，船儿便能平稳如飞。你若心念动摇，便会立即水涌船翻。若非修行之人，必然疑心重重，纵使有十个接引佛祖，也无法将他接到彼岸。而唐僧一心向善，虽然有些惊疑，却决不至于水涌船翻，所以接引佛祖对他还是很有信心的。

孙悟空也劝慰说：“师父啊，你且放心！他这船儿虽是无底，却稳得很。纵有风浪，也不得翻。”说着，挽着他的胳膊，往上一推。唐僧踏不住脚，咕噜一下跌在水里。接引佛祖眼疾手快，一把拉起，扶着他在船头站好。猪八戒和沙和尚随后牵马挑担，也上了船。接引佛祖撑着船离了岸，果然是平稳如飞，直往彼岸而去。

真经不可空取

舍舟登岸，上得山来，果然是一派佛光山色，真是让人赏心悦目。从摇曳的枝头望过去，已经可以看到雷音寺的宝阁珍楼。唐僧感慨万千，回头向保护他一路西来的三个徒弟致谢。孙悟空笑道："师父谢我，我又谢谁？"猪八戒也笑道："这叫彼此扶持，两不相谢。"作为读者的你，也一定在笑。原来，团队的进步与个人的前程是如此紧密地联系在一起，当一个团队实现既定目标的时候，每一位成员也都会从中得到个人的成功。

如来佛已经召聚八位菩萨、四大金刚、五百罗汉、三千揭谛、十一大曜、十八伽蓝，欢迎唐僧师徒的到来。师徒四人来到大雄宝殿，向如来佛祖跪拜行礼。然后，又向左右两边的各位菩萨跪拜行礼。最后，长跪在佛祖面前，将通关文牒奉上。如来佛一一看了，还递与唐僧。唐僧恭敬地说："弟子玄奘，从东土大唐前来拜求真经。望佛祖垂恩，赐与经书。弟子回国之后，一定广传佛法，普济众生。"

如来佛大发慈悲之心，向唐僧师徒详细介绍了佛教经文的类别与作用。接着吩咐阿傩、伽叶两位尊者，先将师徒四人带到珍楼用一些斋食，然后将宝阁中的经书各选一套，赐予唐僧。

阿傩、伽叶奉了佛旨，款待四位用完斋饭，便到宝阁挑选经书。忽然，两位尊者很意外地对唐僧说："圣僧东土到此，可有些什么礼物送给我们啊？"唐僧吃惊地回答说："弟子玄奘，来路迢遥，不曾准备什么礼物。”两位尊者笑道：“如此白手传经，莫不是要传经人都饿死了吗？”

师徒四人听得都很窝火。不仅仅是他们窝火，也让《西游记》的读者窝了几百年的火。孙悟空跳起来就叫：“佛山圣地，你们竟敢公然索贿，胆子也太大了！我告诉如来去，请他亲自来传经！”孙悟空说到做到，果真回到大雄宝殿，向如来佛告了两位尊者一状。

谁知佛祖笑道：“你们知道吗？自古以来，真经便是无价之宝，不可轻传，也不可空取。从前，众僧下山到舍卫国赵长者家去诵经，讨要到三斗三升米粒黄金，我还说他们要少了哩！如今，两位尊者向你们索要礼物，不也是情理之中的事吗？你们若要得到真经啊，还是去找阿傩和伽叶吧！”

唐僧无可奈何，只好从行李中找出那只紫金钵盂，当作礼物奉送给了两位尊者。阿傩和伽叶也没有过分为难唐僧，又重新打开宝阁，为他挑选了五千零四十八卷经书。你们看啊，这紫金钵盂是吃饭的餐具，是世俗生活的象征，用紫金钵盂置换经书，则是一个非常巧妙的隐喻，换一句话说就是：从世俗的生活中求取真理。

师徒四人把经书一一打包，收拾妥当，让白马驮着；剩下的，又装了一担，让猪八戒挑着。这是不是猪八戒第一次挑担子呢？我不知道，反正挺有意思的。然后，孙悟空依旧牵着白马，沙和尚依旧挑着行李，告别了如来佛，一起喜喜欢欢地回归东土而去。

成佛是什么意思？

话说唐僧师徒取得真经，回到长安，广传佛法，普济众生。如来佛在西天还惦记着他们哩！他唤来八大金刚，说："唐僧四众，如今已功德圆满，理应授予佛号。你们再去一趟长安，把他们接来。"

八大金刚驾着一阵香风，霎时间便到了长安。唐僧正在雁塔寺为善男信女们颂经，八大金刚高叫道："颂经的，放下经卷，跟我们回西天去！"唐僧便从容放下经卷，与下面听讲的善男信女们示意告别，骑着他的那匹白马，与三个徒弟一起平地飞升，相随着八大金刚去了。

唐僧师徒再次登上灵山，来到如来佛的莲花座前听封。唐僧受封为旃檀功德佛，孙悟空受封为斗战胜佛，猪八戒受封为净坛使者，沙和尚受封为金身罗汉，连白马也被封为八部天龙。

就在这时，孙悟空忽然想起一件事来。他请求说："师父啊，我头上的金箍儿，是不是可以帮我取下来啦？"唐僧回答说："当时只为你是一个麻烦人物，难以管理，所以要用这个金箍儿约束你。如今你已经成佛，怎么还会在你头上呢？"孙悟空举手往头上一摸，那个曾经令他头痛万分的金箍儿，果然消失得无影无踪。

成佛是什么意思呢？成佛意味着，你不再是一个复杂的、患得患失的、顾虑重重的人；你已经从人世间的种种困惑中解脱了出来，回归到了最初的纯真之中。你已经成为了一个纯粹的人，一个与真理、智慧和自由同在的人。

思考题

1. “生活需要脚踏实地，工作需要脚踏实地，否则，即使你有孙悟空那样的七十二般变化，也只能是云里来云里去，到头来不过是一场虚幻。”请问，这段话可以解释哪一个成语？

   ① 知难行易（　　）② 知易行难（　　）

2. 写一篇读后感。

后记 >>>>

在灾难中修行

一

2020年是一个非常艰难的年份。它比我在此前想象的，还要艰难很多倍。唐僧在取经路上经历过的九九八十一难，我几乎每天都在经历。新闻中的新冠病毒，就好像青面獠牙的妖怪，每天都在我们家的窗外游荡着。我甚至常常从梦里惊醒，听见它狰狞的大笑。

与新冠病毒形影不离的，是我们自己的恐慌。我永远记得1月23日，武汉市疫情防控指挥部封锁了所有出城的道路，恐慌顿时就好像汹涌澎湃的洪水，淹没了居住在这座特大城市里的千家万户。

很快，病毒和恐慌又如法炮制，在全世界各个国家和各大城市多点爆发，不仅摧毁了许多人的生命，也对这些城市的经济生活造成了惨烈的打击。以至于有人评论说，这场灾难的规模之大，不亚于一次世界大战。直到现在，我们仍然未能查明病毒的起源，也不知道灾难会演变成怎样的场景。

此时此刻，所谓修行其实就是对真相的追寻。这是一个令人振奋的消息：当我们对真相理解得越多，我们拥有的智慧和力量也越多，我们可以因此活得更轻松、更从容一些。

二

有两个世界：窗外的世界和屋子里面的我们自己。那么，要怎样才能理解这场灾难的真相呢？问题的关键也许不在于窗外，而在于我们各自的性格。

性格是我们各自的优势，但同时也是我们各自的局限和偏见的来源。我们总是习惯于使用自己的偏见看世界，却很少看自己。要经常回头看看自己，只有看懂了自己，才能够修正自己的偏见。例如这场灾难，它对不同人的影响，取决于我们各自的内心，受制于内心里面巨大的迷茫、惊恐和焦虑。

和平型的“沙和尚们”会好过一些，因为他们能够在剧烈的变化中表现出令人惊叹的镇定。活泼型的“猪八戒们”也在转移注意力，每一天他们都会在网上寻找新的乐趣。即使是不屈不挠的“孙悟空们”，最终也会选择逃避。这些都是性格的作用：我们在各自的偏见里看世界，然后选择了逃避和隔离。

只有完美型的“唐僧们”是执着的。对于这场灾难，他们投入的关注更多。他们沉浸在海量的信息里，并因此感到莫大的悲愤和抑郁。他们在自己的屋子里，被众说纷纭一次一次地伤害。而我，恰好就是他们之中的一个典型。

好在我终于存活下来了。存活的秘诀，就是不断地反问我自己。当我迷茫时，我就问我为什么迷茫。当我惊恐时，我就问我为什么惊恐。当我焦虑时，我就问我为什么焦虑。我不要偏见里那个被性格设定的答案。那个答案会折磨我、“杀死”我。我必须从我每一天的新问题里找到新答案，让我一遍一遍地恍然大悟，一遍一遍地回归平安。

三

此心何事起悲欢？世局并非我独难。
感谢春花相爱顾，且从泪目报平安。

这首《清明节自问》写于2020年4月4日。是的，就在今年清明节，根据国务院的公告，全国所有的政府机构都在下半旗，所有的汽车都停在路上长按喇叭，为死难的同胞们志哀。而我也永远忘不了我的悲欣交集，我哭着，但是我笑了。

平安这件事意味着，我的人生在答案中实现了转化：灾难已经消失了（尽管它可能还会再来），而隐藏在平安中的智慧和喜悦，又萌生在我心里。

四

逃避是没有用的。无论你用哪种方式逃避，那都不过是自欺欺人。“沙和尚”在用沙和尚的方式欺骗自己，“猪八戒”在用猪八戒的方式欺骗自己，“孙悟空”在用孙悟空的方式欺骗自己；还有很多自以为是的“唐僧”，也在用唐僧的方式欺骗自己。然而，无论你怎样欺骗自己，你都与真实的答案无缘。灾难依然在那里，就好像妖怪一样，演变出各种新的令你意想不到的形式。

对于我来说，唯一的救赎之道就是做学问，而做学问的重要路径就是反问我自己。一次一次地反问，非常深入的反问。这样反问的结果，就是让我在不断地了解我自己的同时，也在不断地摧毁性格给我造成的局限，从而能够活得更开阔和更有智慧。

五

《孙悟空是个好员工》是我的一部旧作，它来自一个突如其来的灵感。有人告诉我说，在刚刚过去的16年里，它成就过许多人的职业生涯。尽管我很难肯定这个说法，但我知道它确实影响过很多人，包括那个著名的企业家马云。

感谢东方出版中心，在这样一个特殊的年份再次选择了它。

这是一个意味深长的选择：我在温故而知新的过程中完成了对它的重写，而读者们也可以在温故而知新的过程中加深对自己的理解。与此同时，我也希望我能够帮助到很多新的读者。而人生的使命，就是不断地发现和活出我们自己。

每一个人都活在他自己的性格里，活得那么自以为是、那么狭隘和固执。然而，当我们全然洞悉了性格的真相之后，我们将会活得开朗、豁达而又谦和。那种开朗、豁达、谦和的模样，应该就是《西游记》里面所说的佛菩萨的模样。

成君忆

2020年7月1日于武陵山